MAJOR ANDERS LINDGREN
Übungsreihen für Dressurlektionen bis Grand Prix

EDITION*pferd*

Major Anders Lindgren

Übungsreihen für Dressurlektionen bis Grand Prix

Ein Handbuch für Ausbilder und Reiter

Aus dem Amerikanischen übersetzt
von Michaela Kronenberg

FNverlag
der Deutschen
Reiterlichen Vereinigung

Bibliografische Information der deutschen Bibliothek

Die Deutsche Bibliothek verzeichnet diese Publikation in der
Deutschen Nationalbibliografie; detaillierte bibliografische Daten sind im
Internet über http://dnb.ddb.de abrufbar.

Aus dem Amerikanischen übersetzt von Michaela Kronenberg.
Titel der Originalausgabe „Major Lindgren´s TEACHING EXERCISES –
A Manual for Instructors and Riders"
Text © Anders Lindgren 1998;
erschienen in den USA bei
Half Halt Press, Inc. • P.O. Box 67 • Boonsboro, MD 21713
ISBN 0-939481-53-7

Für die deutschsprachige Ausgabe:

© 2003 **FN**verlag der Deutschen Reiterlichen Vereinigung, Warendorf

**Das Werk ist urheberrechtlich geschützt. Die dadurch begründeten Rechte, insbesondere die der
Übersetzung, des Nachdrucks, der Entnahme von Abbildungen, der Funksendung, der Wiedergabe
auf fotomechanischem oder ähnlichem Wege und der Speicherung in Datenverarbeitungsanlagen bleiben,
auch bei nur auszugsweiser Verwertung, vorbehalten. Die Vergütungsansprüche des § 54 Abs. 2 UrhG
werden durch die Verwertungsgesellschaft Wort wahrgenommen.**

DEUTSCHE ÜBERSETZUNG:
Michaela Kronenberg, Düsseldorf

FACHLEKTORAT:
Michael Putz, Erlangen

LEKTORAT:
Dr. Carla Mattis, Warendorf

KORREKTORAT:
Stephanie Vennemeyer, Ahlen

FOTOS UMSCHLAG:
Werner Ernst, Ganderkesee (2) mitte/rechts
Peter Prohn, Barmstedt (3) links

FOTOS/ZEICHNUNGEN INHALT:
entnommen aus der amerikanischen Originalausgabe „Major Lindgren´s TEACHING EXERCISES –
A Manual for Instructors and Riders" von Anders Lindgren, Half Halt Press, Inc., Boonsboro,
Maryland, 1998

ZEICHNUNGEN:
Lena Acking, Architektin

GESAMTGESTALTUNG:
mf-graphics, Marianne Fietzeck, Gütersloh

DIGITALE BOGENMONTAGE, DRUCK UND VERARBEITUNG:
MediaPrint, Paderborn

ISBN 3-88542-382-0

INHALT

Vorwort Dr. Hanno Dohn 7

Vorwort Aage Sommer 8

Einleitung 9

1 Thesen, Faustregeln und allgemeine Hinweise 11

2 Übungen der Trainingsstufe – Die Grundlage 19
- Übung 1: Das Oval 20
- Übung 2: Schenkelweichen 21
- Übungen 3-5: Der 20-Meter-Zirkel 22

3 Übungen der ersten Trainingsstufe – Die lösende Arbeit 26
- Übung 1: „Die Schwamm-Übung" 27
- Übung 2: Die Wendung auf dem Quadrat 28
- Übung 3: Vorbereitende Übung zum Schenkelweichen 29
- Übungen 4/5: Schenkelweichen 30
- Übung 6: Schenkelweichen in Verbindung mit Angaloppieren 33
- Übung 7: 15-Meter-Zirkel und 10-Meter-Volten 35
- Übung 8: 20-Meter-Zirkel mit Angaloppieren 36
- Übungen 9/10: Tritte verlängern im Trab 37
- Übung 11: Schenkelweichen und Tritte verlängern im Trab 40

4 Übungen der Zweiten Stufe – Die Einführung der Versammlung 41
- Übung 1: Rückwärtsrichten 42
- Übungen 2-5: Schulterherein 44
- Übung 6: Schulterherein und Übergänge zum Mitteltrab 49
- Übung 7: Schulterherein auf der Mittellinie 50
- Übungen 8/9: Travers „Der Schneepflug" 51
- Übung 10: Travers und Traversale 53
- Übung 11: „Die Schleife" 54
- Übungen 12-15: Außengalopp 55
- Übungen 16-18: Die halbe Hinterhandwendung 59

5 Übungen der Dritten Stufe – Höherer Grad der Versammlung 64
- Übung 1: Die Traversale 65
- Übung 2: Die Traversale im Trab 67
- Der fliegende Galoppwechsel 68
- Übungen 3-8: Der fliegende Galoppwechsel 70

INHALT

6 **Übungen der Vierten Stufe –
Erhöhter Grad der Versammlung** 77
- Übungen 1-3: Richtungswechsel in der Traversale im Trab 78
- Übung 4: Die Traversale im Galopp 82
- Übungen 5-12: Die Galopp-Pirouette 83
- Übungen 13/14: Mehrfache fliegende Galoppwechsel 93

7 **Übungen der Fünften Stufe –
Der höchste Grad der Versammlung** 96
- Übungen 1/2: Mehrfache fliegende Wechsel 97
- Übung 3: Die ganze Galopp-Pirouette 101
- Übung 4: Die Piaffe 102
- Übungen 5-7: Die Passage 106
- Übung 8: „Die Scharnier-Übung" 110

Weiterführende Literatur 111

VORWORT DR. HANNO DOHN

Als Mitglied der Deutschen Studenten-Mannschaft lernte ich im Jahr 1965 auf einem Internationalen Studenten-Turnier in der Kavallerieschule Strömsholm den Lehrer der Kavallerieschule Major Anders Lindgren kennen.
Danach sahen wir uns in manchen Jahren auf dem Aachener Turnier, an dem Major Lindgren als Reiter, Trainer und später als Zuschauer teilnahm.
Im Jahr 2001 bei „The Falsterbo International Horseshow" in der Nähe von Malmö trafen wir uns wieder. Major Lindgren war Mitglied des „Appeal Committee", ich Mitglied der „Jumping Grand Jury". Hier überreichte mir Major Lindgren sein Buch „Teaching Exercises – A Manual für Instructors and Riders", das bisher in Schweden und in den USA erschienen ist.
Der Aufbau und Inhalt des Buches beeindruckten mich so sehr, dass ich es dem **FN**verlag zur Übersetzung und Veröffentlichung vorschlug.
Ich glaube, dass dieses Übungsbuch seinen Weg zu den Ausbildern und dressurambitionierten Reitern finden wird.

Major Lindgren macht mit diesem Buch ein innovatives Lernsystem zugänglich, das Ausbildern, Reitern und letztlich den Pferden helfen wird, systematisch auf schwere Lektionen hinzuarbeiten. Die Anleitungen in dem Buch sind kurz und präzise. Seine Arbeit findet auf unterschiedlichen Schwierigkeitsstufen statt (von leicht zu schwer) und zu den einzelnen Übungen erfolgen Erklärungen zum Zweck, zu den Vorteilen und zur Ausführung der Übung, und was es dabei zu beachten gibt. Er spricht Empfehlungen aus, gibt Kommentare, Ratschläge und Hinweise zu den häufigsten Fehlern. Mit der Methode von Major Lindgren wird letztlich das präzise Reiten von Dressuraufgaben gelehrt.

Ich bin überzeugt, dass mit diesem Handbuch für die tägliche Arbeit ein Übungsbuch zur Verfügung steht, das Ausbildern, Reitern und letztlich unseren Pferden zugute kommt.

Dr. Hanno Dohn, im April 2003

geb. 1938, promovierter Landwirt, seit 1971 im Referat Pferde der Landwirtschaftskammer Rheinland, Referatsleiter; ehemaliger Studenten- und Vielseitigkeitsreiter, Amateurreitlehrer, Geschäftsführer des Landesverbandes Rheinland, Mitglied in vielen Ausschüssen der Deutschen Reiterlichen Vereinigung (FN) und des Deutschen Olympischen Komitees für Reiterei (DOKR); ehrenamtlicher Vorsitzender des Springausschusses der DRV, seit 1997 Mitglied des PM-Vorstandes, seit 2001 stellvertretender Vorsitzender, Chairman of the „Association of International Equestrian Officials Clubs"

VORWORT AAGE SOMMER

1979 wurde ich gebeten, das USDF (United States Dressage Federation) / Violet Hopkins † Nationale Dressur-Seminar zu leiten. Es war wirklich eine aufregende Zeit für mich, in die Vereinigten Staaten zu gehen und ein nationales Seminar mit zehn berittenen Ausbildern als Teilnehmer vor ungefähr 40 Zuschauern zu halten. In den ersten beiden Jahren hatte ich die kompetente Unterstützung von zwei Trainern aus Dänemark, Gunnar Ostergaard und Joergen Olsen.

Major Anders Lindgren war mir bereits aus den sechziger Jahren als sehr guter Reiter bekannt, Schwedischer Meister 1971, Teilnehmer bei den Olympischen Spielen in München 1972 sowie internationaler Richter und sehr geachteter Ausbilder an der schwedischen Kavalleriereitschule in Strömsholm.

Als ich 1980 einen Co-Trainer für das USDF/Violet Hopkins † Seminar 1981 suchte, dachte ich an Major Lindgren. Ich persönlich hielt ihn für den „richtigen Mann", das Dressurreiten in den Vereinigten Staaten weiterzuentwickeln. Mir war bekannt, dass er 1975 aus der Schwedischen Kavallerie ausgeschieden war und seine zivile Karriere als Reitausbilder in Schweden, Finnland und Norwegen begonnen hatte. Ich wusste, dass er nach Süd-Schweden gezogen war, hatte jedoch Schwierigkeiten, ihn ausfindig zu machen.

Schließlich kreuzten sich unsere Wege am Landesgestüt in Flyinge im November 1980, und ich sagte zu ihm: „Ich brauche Ihre Hilfe! Ich habe zwei nationale Seminare in Tristan Oaks in Michigan in einem Programm übernommen, das 1979 von Ms. Violet Hopkins † begonnen wurde. Ich brauche Ihre Hilfe, sowohl als Co-Trainer als auch bei der Programm-Entwicklung. Würden Sie kommen?" Sofort antwortete er: „Vielen Dank, Sir – Ich werde kommen!"

Also lud die USDF Major Lindgren 1981 ein, mein Co-Trainer zu sein, und er war von Anfang an sehr beliebt. Niemals zuvor war uns ein solcher Lerneifer begegnet.

Wir hatten unterschiedliche Lehrmethoden. Seine Lehrmethode, bei der er die roten Pylone aus dem Straßenverkehr benutzte, war etwas Neues und gleichzeitig Effektives, und die Nachricht über „den Schweden mit den Pylonen" verbreitete sich schnell. Die Teilnehmer begannen, sich Aufzeichnungen von Major Lindgren's Übungen zu machen und baten ihn, ein Buch zu schreiben.

Major Lindgren wurde wieder in die Vereinigten Staaten eingeladen und hat 9 Nationale Seminare, 4 Nationale Symposien, ungefähr 50 Regionale Seminare sowie Hunderte von Lehrgängen gehalten. In den letzten 16 Jahren war er ein sehr beschäftigter Major!

Jetzt, wo er seine langjährige Lehrerfahrung und seine erfolgreichen Übungen in diesem Buch mit uns teilt, kann ich nur eindringlich raten, es sorgfältig zu studieren!

Aage Sommer
Hoersholm, Dänemark, Juni 1998
Oberst a.D., Dänische Kavallerie, Olympia-Richter,
Leitender Ausbilder USDF/Violet Hopkins † Seminar 1979-88

EINLEITUNG

Ich glaube, viel Erfahrung in Bezug auf die Reitkunst gesammelt zu haben; und das macht es mir meiner Meinung nach möglich, dieses Buch zu schreiben.

Pädagogik hat mich schon immer sehr interessiert. 10 meiner 30 Jahre in der Armee diente ich als Lehrer am Militärreitzentrum; 5 Jahre als Fahrmeister und 5 Jahre als Springmeister. Während meines Militärdienstes studierte ich auch 2 Jahre am Reitzentrum, war Zug-Befehlshaber, danach Kompaniechef und später auch Lehrer an der Kavallerie-Kadetten-Schule.

Die Tatsache, dass ich bereits in jeder Reitsport-Disziplin an Turnieren auf Nationalmannschafts-Ebene teilgenommen hatte, hat mir sehr geholfen, die verschiedenen aufkommenden Probleme und Schwierigkeiten zu verstehen und mir gleichzeitig auch das Wissen und die Erfahrung gegeben, sie zu lösen. Meine Fahr-Erfahrung war besonders bei der Arbeit am langen Zügel nützlich, um Gehorsam und Versammlung zu erreichen.

1976 wurde ich von einem Pferd getreten, und mein Arm erlitt einen komplizierten Bruch. Ein sehr guter Handchirurg benötigte viele Stunden, alles wieder zu richten. In den nächsten anderthalb Jahren folgten zwei weitere Operationen. Diese Zeit war sehr frustrierend für mich, da ich einen Gipsverband am Arm tragen musste. Ich lernte, viele Dinge ausschließlich mit links zu machen, aber reiten konnte ich nicht.

Ich trainierte weiterhin Schüler und ihre Pferde, jedoch nicht immer mit einem so guten Ergebnis, wie ich es erreichen wollte; weil ich nicht in der Lage war, selbst aufzusteigen, eine Übung zu demonstrieren und die Hilfen vom Pferderücken aus zu erklären. Es war sehr frustrierend, wenn ich das Pferd eines Schülers nicht reiten konnte, um so beiden, dem Schüler und dem Pferd, beim Verstehen und somit bei ihrer Verbesserung zu helfen. Ich sehe es als die Pflicht eines Ausbilders an, sich von Zeit zu Zeit auf das Pferd eines Schülers zu setzen, um zu überprüfen, ob das Training korrekt voranschreitet.

Besonders schwierig war es, meinen Schülern Hufschlagfiguren begreiflich zu machen und sie dazu zu bringen, sie präzise zu reiten. Eines Tages stellte ich in meiner Verzweiflung einige umgedrehte Eimer in die Ecke und 2 Sprung-Ständer, die den Pilaren in der Arena der Spanischen Hofreitschule in Wien ähnelten, auf die Mittellinie bei X. Es hat sehr gut funktioniert – meine Schüler begannen zu navigieren. Sie hielten ihre Köpfe aufrecht und fingen an, ihre Pferde für das Reiten von Ecken, Wendungen und Zirkeln vorzubereiten. Später kaufte ich dafür kleinere rote Verkehrspylone, die ich im Auto aufbewahrte und immer zu den verschiedenen Reitinstitutionen mitnahm, an denen ich unterrichtete.

Ich entwickelte ein System, die Pilone für weniger erfahrene Reiter, junge Pferde und auch für meine fortgeschritteneren Schüler und ihre gut ausgebildeten Pferden zu nutzen. Wenn ich eine neue Übung vorstellte, verdeutlichte die Platzierung der Pylone dem Reiter und dem Pferd das neue Schema, und das Training wurde erfolgreicher.

EINLEITUNG

Die Idee war, meine Art des Unterrichtens für alle Ausbildungsgrade zu erläutern, und zwar mit einer Art Stundenplänen, ergänzt durch Kommentare und Zeichnungen zur Verdeutlichung. Ein Reitkochbuch mit Reitrezepten! Ich hoffe, dass es für jeden Ausbilder und Reiter, ob Profi oder Amateur, in seiner täglichen Arbeit mit Pferden und Schülern nützlich sein wird.

Aus diesem Grund habe ich mir erlaubt, all diese Übungen zur Veröffentlichung zusammenzustellen. Die Übungen hier sind in derselben Reihenfolge angeordnet wie die Dressurprüfungen der AHSA (American Horse Shows Association), und sie werden in jeder Stufe in bestimmter Folge gezeigt, um sorgfältig und nach und nach die Schwierigkeiten beim Üben dieser Lektionen zu steigern. Ich hoffe, dass sie Ihnen helfen werden.

Ich wurde bei der Verwirklichung dieses Buches von vielen Freunden wundervoll unterstützt. Vor allem möchte ich jedoch meiner Frau Puci danken für ihre brillianten Ideen, ihre unaufhörliche Energie und Unterstützung sowie ihr Interesse, dieses Werk zu beenden. Ich möchte Professor Janet Ver Plank für Ihren Rat als Autorin danken, Frau Vicki Matisi für Ihre Hilfe bei dem Original-Konzept für das Layout, Frau Lena Acking für die Erstellung all der komplizierten Zeichnungen, Frau Kathy Malone für ihre unzähligen und unschätzbaren Ratschläge und Bemühungen, dieses Buch zu veröffentlichen, Frau Elizabeth Carnes, meiner Verlegerin, für eine sehr angenehme Kooperation und zu guter Letzt Frau Christiane Noelting, die als professionelle Ausbilderin und Grand Prix Dressurreiterin viel ihrer kostbaren Zeit geopfert hat, um das Manuskript mehrfach kritisch zu lesen und einige der Zeichnungen zu komplettieren.

VIELEN DANK IHNEN ALLEN!

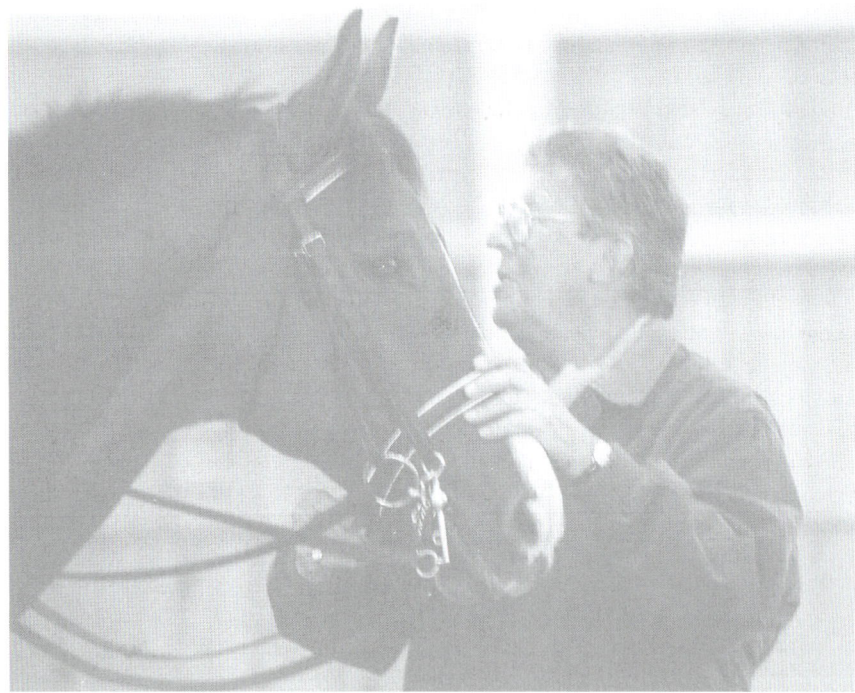

THESEN, FAUSTREGELN UND ALLGEMEINE HINWEISE

KAPITEL 1

Navigare necesse est. Einer der ersten Sätze, die ich in Lateinisch lernte. Die Übersetzung ist „Es ist notwendig zu navigieren!" Für Springreiter und Vielseitigkeitsreiter ist das selbstverständlich: Sie müssen zum nächsten Sprung hinsehen. Für Dressurreiter ist es nicht so offensichtlich. Darum hilft der Gebrauch der kleinen roten Pylone in der Bahn, ihnen das Navigieren beizubringen – zu lenken und den Kurs zu halten – und Fokuspunkte zu finden. Wenn der Reiter – frühzeitig im Vorhinein – entscheidet, wohin er reitet, wird das Pferd auch dorthin gehen!

Festina Lente. Ein weiterer lateinischer Satz, der bedeutet: Eile mit Weile!
Hier ist noch einer:

T. T. T.: Beachten Sie diese drei! Hören Sie auf ihren Klang: „things take time" (zu Deutsch: Gut Ding will Weile haben) oder „think! take time!" (zu deutsch: Denke! Lass dir Zeit!) – etwas, das Sie immer berücksichtigen und an das Sie sich immer erinnern sollten, wenn Sie Pferde trainieren.

When Art Ends, Violence Begins = Wo die Kunst aufhört, beginnt die Gewalt. Dieser Satz steht auf dem Rahmen des großen Spiegels in der Reithalle der schwedischen Kavalleriereitschule in Strömsholm geschrieben. Er ist in der Tat eine gute Mahnung, wenn man Problemen gegenübersteht. Ein guter Ratschlag: Gehen Sie zu einer einfacheren Übung über.

Der korrekte Sitz ist die Grundvoraussetzung für die Anwendung aller Hilfen.

Die Gewichtshilfen sind die wesentlichsten und bedeutendsten, aber gleichzeitig auch die feinsten und am wenigsten sichtbaren. Sie sind besonders wichtig, da die Schenkel des Reiters den nötigen Impuls nur geben können, wenn sie von der Gewichtshilfe unterstützt werden. Die Gewichtshilfe, die vorwärts treibenden Hilfen, die unterstützenden Schenkel und die vorwärts seitwärts treibenden Schenkelhilfen erklären dem Pferd, was es tun soll!

Die Zügel sind in erster Linie regulierender und erklärender Natur. Sie müssen immer von vorwärts treibenden Hilfen begleitet werden. Der Gebrauch der Zügel muss immer durch vorwärts treibende Hilfen vorbereitet werden.

Der Autor auf seinem Pony „Mona" im Jahr 1935.

Die vorwärts treibenden Hilfen, Schritt für Schritt angewendet:

- **Schritt 1**
  Heben Sie Ihr Kinn an. Straffen Sie Ihre Schulterblätter. Atmen Sie ein. Drücken Sie Ihre Beckengegend vorwärts, indem Sie Ihre Unterleibskraft nutzen, die von der Magengrube (dem rectus abdominum) ausgeht.
- **Schritt 2**
  Wenn das Pferd nicht reagiert: Atmen Sie aus und wiederholen Sie Schritt 1, während Sie den Brustkorb des Pferdes mit Ihren Beinen fest umschließen.
- **Schritt 3**
  Wenn das Pferd noch immer nicht reagiert (wie „Niemand zu Hause"): Atmen Sie aus, und wiederholen Sie Schritt 1 und 2. Gebrauchen Sie dabei Ihre Waden und Sporen, um Aufmerksamkeit zu bekommen. Üben Sie auf den Brustkorb direkt hinter dem Gurt Druck aus. Unterschenkel in einer Vorwärts-Position meinen auch vorwärts.
- **Schritt 4**
  Wenn immer noch nichts passiert: Atmen Sie aus und wiederholen Sie die Schritte 1, 2 und 3, und gebrauchen Sie energisch Ihre Gerte. Indem Sie diese „konsequente" Erziehung des Pferdes direkt von Beginn an durchführen, werden die Hilfen immer unsichtbarer, bis der Reiter schließlich das Pferd nur mit seinen Gedanken und ohne irgendeine sichtbare Hilfe zu kontrollieren scheint.

Die Hand des Reiters und das Handgelenk haben zusammen 33 Gelenke. Wenn Sie die Zügel benutzen, müssen die Handgelenke elastisch sein. Ein nützlicher Vergleich: Elastizität wie bei einem Gummiring am Ausbindezügel.

Die Fingergelenke und das Handgelenk müssen mit Flexibilität und Schritt für Schritt arbeiten:
- **Schritt 1**
  Drücken Sie den jeweiligen Zügel (als wenn Sie ein Stück Zitrone auspressen). Jeder positiven Reaktion folgt – als sofortige Belohnung – das Nachgeben des Zügels, indem Sie mit dem Drücken aufhören, aber auf eine Wiederholung der Aktion vorbereitet sind.
- **Schritt 2**
  Mehr regulierender Einfluss wird ausgeübt, wenn der Reiter Schritt 1 wiederholt und dabei sein Handgelenk anwinkelt. Er dreht dabei seinen kleinen Finger zum Bauchnabel hin – wie beim Essen einer Grapefruit mit einem Löffel oder beim Essen von Joghurt mit dem Löffel aus einem Becher. Beim Drehen des Handgelenks rotieren die zwei Knochen im Unterarm, Elle und Speiche, umeinander herum. Eine wunderbare Erfindung! Bei Widerstand lösen Sie die Hilfen und wiederholen Sie Schritt 1 und 2.
- **Schritt 3**
  Wenn sich das Pferd noch immer widersetzt: Wiederholen Sie Schritt 1 und 2, und jetzt – wenn nötig – benutzt der Reiter zum ersten Mal seinen Ellbogen und sein Schultergelenk. Aber das Pferd reagiert niemals korrekt auf die Zügelhilfen, bevor nicht die vorwärts treibenden Hilfen angenommen werden. Das Pferd muss sich vor den vortreibenden Hilfen des Reiters befinden!

Eine ernste Warnung an dieser Stelle: Bleiben Sie niemals „im Pferdemaul hängen"; also, niemals nur an den Zügeln ziehen oder daran hängen. Ein verlängertes Ziehen an den Zügeln würde das Pferd nur dazu einladen, sich auf das Gebiss zu legen anstatt die Zügelhilfe anzunehmen. Die Hände, Handgelenke und Arme des Reiters müssen einfühlsam und flexibel arbeiten wie „Krakenarme", mit leichtem, sensiblem und ständigem Kontakt.

Der Kontakt

Durch den Kontakt mit dem Pferdemaul über die Zügel lernt der Reiter, die Gedanken des Pferdes zu lesen. Er lernt zu fühlen, ob das Pferd das Gebiss mit dem Wunsch annimmt, sich zu bewegen, oder ob sich das Pferd hinter den vortreibenden Hilfen des Reiters befindet.

Der Reiter sitzt wie ein Pilot im Cockpit eines Flugzeugs mit zwei Motoren am hinteren Ende.

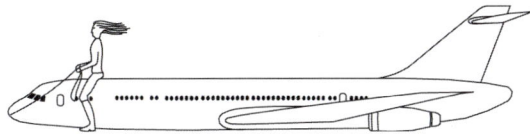

Allerdings hat der Reiter auf dem Pferderücken kein Armaturenbrett mit Instrumenten zur Verfügung. Er kann die „Umdrehungen pro Minute" in den Hinterbeinen des Pferdes – den Antrieb sozusagen – nicht auf einem Instrument ablesen. Er muss über den Zügelkontakt lernen, dass eine **stabile Verbindung, normalerweise am linken Zügel** (am linken Hinterbein – der linken Maschine) gut funktioniert.

Wenn der Kontakt am rechten Zügel schwach und springend ist oder sogar nicht vorhanden, akzeptiert das Pferd das Gebiss nicht. Das rechte Hinterbein – die rechte Maschine – arbeitet nicht.

Eine Schlussfolgerung

Wenn die Mähne wie oft zur rechten Seite fällt, ist die rechte Seite des Pferdes gewöhnlich die schwache. Die linke Seite ist stark. Die Mähne fällt nach rechts, weil die stärker entwickelte Muskulatur auf der starken Seite die Mähne auf die Seite verlagert, auf der die schwächere Ausprägung sie überkippen lässt. Wenn die Mähne nach links fällt, was bei 25% der Pferdepopulation der Fall ist, verhält sich der Fall genau umgekehrt. Die linke Seite ist die schwache, die rechte ist die starke.

Was ist besser? Zu versuchen, Aktivität und Kraft in dem schwachen Hinterbein zu steigern oder die Kraft im gut arbeitenden Hinterbein zu verringern?

Häufig denken Reiter nur an die „steife" und die „hohle" Seite des Pferdes. Irritiert durch den schwereren Zügelkontakt auf seiner starken linken Seite versuchen sie, diesen durch wiederholte Arbeit mit der linken Hand und dem linken Arm leichter zu machen. Diese Arbeit ist vergebens, und sie verstärkt nur die Fähigkeit des Pferdes, sich zu widersetzen und erhöht seine Muskelkraft im ganzen Nacken.

Hammer und Amboss

Wenn Sie einem Ausbilder zuhören, hören Sie oft „Innerer Schenkel! Äußerer Zügel!" Meistens ist das eine korrekte Anweisung, aber in den seltensten Fällen hört man eine Erklärung über das „Wie" und „Warum".

Denken Sie an Folgendes: Wenn der Hufschmied ein Hufeisen biegt, muss er es vor dem Hämmern gegen einen Amboss drücken. Reitern beizubringen, den äußeren Schenkel wie einen Amboss **einzusetzen**, bevor sie den inneren Schenkel nutzen, kostet normalerweise eine lange Zeit geduldiger Instruktion und Arbeit. Es dauert sehr lange, bevor Reiter „ihren Amboss" effektiv einsetzen können, um das Pferd im Gleichgewicht zu halten und die durch den inneren Schenkel erzeugte Energie zum äußeren Zügel weiterzuleiten. Reiter müssen lernen, das Pferd mit ihrem Amboss (dem äußeren Schenkel hinter dem Gurt) zu unterstützen, bevor sie ihren Hammer (den inneren Schenkel) einsetzen.

Der äußere Zügel

Der äußere Zügel ist von regulierender und kontrollierender Natur. Es ist notwendig, die Kommunikation zwischen dem äußeren und inneren Zügel sehr sorgfältig und häufig zu erklären.

Der Ausbilder muss erklären, wie der äußere Zügel:
1. die Innen-Stellung im Genick **zulässt**;
2. das Abwenden (wann und wie) des Pferdes **zulässt**;
3. bei der Innen-Stellung das Verwerfen **verhindert**;
4. das Pferd daran **hindert**, nach außen zu weichen und über die äußere Schulter auszufallen.

Mit dem Gebiss spielen

Ein verspanntes und nervöses Pferd scheint oft sehr fest im Maul zu sein. In dieser Situation blockiert das Pferd das **2. Kopfgelenk** (das Gelenk am Genick zwischen dem ersten Halswirbel **Atlas** (C1) und dem zweiten Halswirbel **Axis** (C2), gewöhnlich **Axis-Gelenk** genannt. Wenn das Pferd seinen Kopf entweder nach rechts oder links bewegen soll, scheint es „Nein!" zu sagen.
Wenn das Pferd im **Axis-Gelenk** entspannt ist, fängt es normalerweise an, auf die Reiterhilfen zu achten.

Um diese Entspannung zu schaffen, bewegt der Reiter das Gebiss im Pferdemaul. Damit ist gemeint, dass er das Gebiss durch das Pferdemaul wie ein Weberschiffchen in einem Webstuhl bewegt. Es sollte ein harmonischer Gebrauch der Zügel sein mit dem Ziel, das Pferdemaul locker und weich zu machen.

Der Reiter sollte ein Gefühl haben, als ob er das **Axis-Gelenk** mit Anti-Rost-Öl schmiert.

Längsbiegung

Der Kopf des Pferdes hängt am ersten Halswirbel, dem **Atlas** (C1). Wenn das Pferd auf den durchgehenden Zügeleinsatz des Reiters reagiert, entspannt es die Nackengegend und die Kiefer.

Wenn das Pferd die Längsbiegung zulässt, scheint es „Ja!" zu sagen.

Mit dem Gebiss spielen und Längsbiegung schaffen

Wenn der Reiter den Gebrauch der Zügel kombiniert, um sowohl seitwärts als auch längs wirkenden leichten Kontakt herzustellen, lernt das Pferd, das Gebiss anzunehmen. **Es hat nichts mit einem Verdrehen des Halses oder riegeln zu tun.**

Dies erfordert Sensibilität, die einige Reiter von Natur aus mitbringen. Andere müssen sie erst erlernen, in optimaler Weise durch das Reiten von gut ausgebildeten Pferden, Lehrern sozusagen.

Die Handhabung ist vergleichbar mit dem Lenken eines Fahrrads mit der Lenkstange oder eines Autos mit dem Lenkrad.

Beachten Sie jedoch bitte, dass das Pferd die Zügelhilfen niemals annimmt, bevor es die vorwärts treibenden Hilfen akzeptiert. **Das Pferd muss sich vor den vortreibenden Hilfen befinden!**

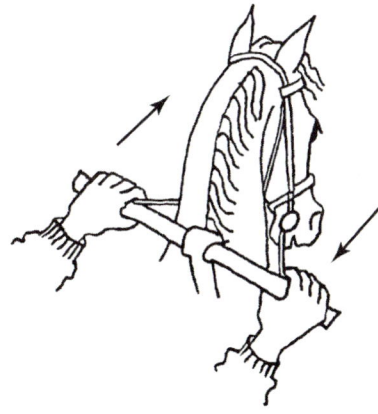
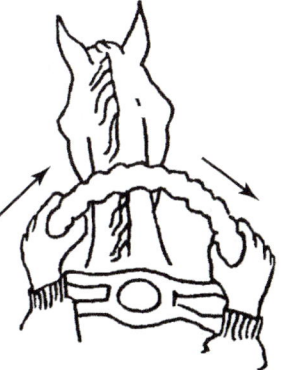

Mein Rat: Trainieren Sie den Schüler am Boden. Lassen Sie ihn ein Trensenkopfstück mit der einen und das Gebiss in der anderen Hand halten, und lassen Sie ihn die unterschiedlichen Schritte des Zügeleinsatzes fühlen. Später lassen Sie ihn die Zügelhandhabung üben, während der Ausbilder die Trense hält.

Vergessen Sie nicht: Die sieben Halswirbel sollten so flexibel wie ein Elefantenrüssel sein.

Der „halbe Halt" (die halbe Parade)

Die meisten europäischen Sprachen gebrauchen den Ausdruck *halbe Parade* statt halber Halt. **Parade** hat seinen Ursprung von dem Verb *parry=parieren*, abwehren. Beim Fechtsport *parieren* Sie einen gegnerischen Fechtstoß, indem Sie Ihren Degen mit kurzen Bewegungen nur aus dem Handgelenk bewegen, nicht indem Sie wie ein Pirat Ihren ganzen Arm herumwirbeln.

Das Kommando für einen Übergang vom Trab zum Schritt lautet in deutscher Sprache: „Parieren Sie bitte Ihr Pferd durch zum Schritt!"

Der Ausdruck *halber Halt* kann dem Reiter den Eindruck vermitteln, dass er dafür überwiegend die Zügel benutzt. Der Ausdruck *halbe Parade* bringt den Reiter eher dazu, die vorsichtig eingesetzten vorwärts treibenden Hilfen in Kombination mit den parierenden, nicht ziehenden Zügelhilfen zu gebrauchen.

Die halbe Parade wird für folgende Zwecke benutzt:
1. um einen Übergang in eine niedrigere Gangart vorzubereiten;
2. um das Tempo zurückzunehmen;
3. um die Versammlung oder die Haltung des Pferdes innerhalb einer Gangart zu verbessern;
4. um das Pferd vor einer neuen Lektion aufmerksam zu machen;
5. um die korrekte Haltung eines Pferdes wiederzuerlangen;
6. um das Pferd daran zu hindern, zu eilen oder sich auf das Gebiss zu legen.

Mein Rat

Um Erfolg zu haben, kombinieren Sie die Hilfen für die halbe Parade mit denen für Seitwärtsbewegungen wie Schenkelweichen, Schultervor oder Schulterherein. Verschieben Sie den Schwerpunkt des Pferdes für ein oder zwei Schritte seitlich, was es ihm erleichtert, sein Gewicht nach hinten zu verlagern – in anderen Worten, die halbe Parade **durchzulassen**.

Übergänge in eine niedrigere Gangart

Ein Übergang in eine niedrigere Gangart ist der Landung eines Flugzeugs auf der Landebahn sehr ähnlich: der Pilot muss bis zum **Aufsetzen** einfliegen.

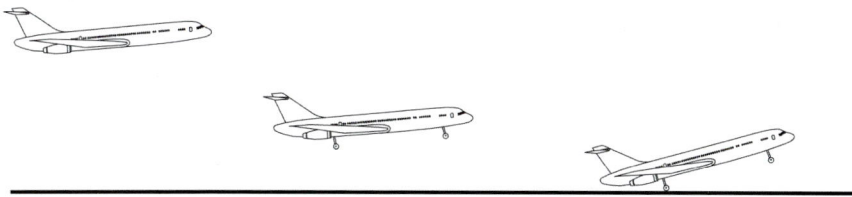

Durch die vorwärts treibenden Hilfen in Kombination mit den nicht nachgebenden, parierenden Zügeln ermöglicht es der Reiter dem Pferd, seine Gelenke in den Hinterbeinen zu biegen, um sein Gewicht „**für eine Landung**" nach hinten zu verlagern.

Übergänge

In allen Übergängen sollte der Reiter das Pferd ermutigen, die Gelenke in seiner Hinterhand zu biegen, um von hinten aktiver zu werden, und um sein Gewicht nach hinten auf zumindest horizontalem Level zu verlagern. Erst dann nimmt das Pferd die halben Paraden an.

Dies sind in der Tat sehr schwierige Forderungen, besonders beim Reiten von jungen Pferden. Wenn Sie jedoch die Hilfen für Übergänge mit den Hilfen für Seitwärtsbewegungen wie Schenkelweichen, Schultervor oder Schulterherein kombinieren, sind Sie als Reiter in der Lage, den Schwerpunkt des Pferdes von der Vorhand zu verschieben. Dies ist eine effektive Möglichkeit, den Reiter zu lehren, das Pferd in Kombination mit verhaltenden Zügelhilfen vor die treibenden Hilfen zu bekommen. Wenn der Schwerpunkt des Pferdes gestört ist, reagiert es mit dem Versuch, seinen Körper wieder auszubalancieren. Das bedeutet, dass seine Hinterbeine sofort aktiver werden. In diesem Moment ist es sehr viel aufmerksamer für die Reiterhilfen, besonders für die Zügelhilfen. Vergleichsweise, wenn eine Person stolpert und die Balance verliert, wird sie sofort ihre Arme zu Hilfe nehmen, um das Gleichgewicht wiederzuerlangen und sich selbst vor Verletzungen bei einem möglichen Sturz zu schützen.

Diese Notwendigkeit, den Schwerpunkt bei den Schultern zu suchen und ihn entsprechend zu verschieben, ist übrigens der Grund dafür, warum ich meine Schüler lehre, Schenkelweichen mit dem inneren treibenden Schenkel **am** und nicht hinter dem Gurt durchzuführen.

Schreckhafte Pferde

Mein erster Ratschlag: „Lassen Sie sich nicht in das Problem des Pferdes verwickeln!"
Zweiter Ratschlag: „Lassen Sie Ihr Pferd den verdächtigen Ort ansehen!"
Dritter Ratschlag: „Sehen Sie in die entgegengesetzte Richtung des Problem-Objektes, und reiten Sie das Pferd vorwärts und weg von dem verdächtigen Ort mit fest angelegten Schenkeln, sobald Sie sich diesem nähern. Nach einigen Runden in der Reitbahn wird das Pferd beginnen zu gehorchen, wenn der Reiter vorwärts reitet und das Problem des Pferdes nicht beachtet."
Vierter Ratschlag: „Vermeiden Sie es, das Pferd näher in Richtung des verdächtigen Ortes zu reiten; dies schafft normalerweise Widerstand, und das Pferd lernt seine körperlichen Kräfte kennen, etwas, das es nie lernen sollte."

Übungen: Warum und Wie

Hier ist meine Philosophie vom Gebrauch der Übungen:
1. die Figuren in einer bestimmten Abfolge zu nutzen.
2. einen gymnastizierenden Effekt im Pferd zu erarbeiten, ohne die Notwendigkeit, dass auch der Reiter gut ausgebildet ist.
3. Es ist die Wahl der Übungen und ihre Reihenfolge, die den gewünschten Effekt erzielt.
4. Der Reiter lernt während der Ausführung (learning-by-doing).

Die Vorteile

1. Wenn der Reiter die Übungen kennt, braucht der Ausbilder nicht ständig Anweisungen zu geben.
2. Stattdessen kann der Ausbilder feedback geben, wie die Übung ausgeführt wird, oder er kann still sein und seinem Schüler ermöglichen, das Gefühl wahrzunehmen, welches das Pferd ihm durch die Übung gibt.
3. Sowohl Pferd als auch Reiter lernen durch das Wiederholen und Optimieren der Übungsausführung.

Wie viele Male sollte man eine Übung reiten und üben? Was ist empfohlen? Es hängt vom Ausbildungsstand des Reiters und des Pferdes ab und von ihrer Fähigkeit, Unterricht zu erhalten. Das Training sollte niemals langweilig sein! Die Tendenz des Pferdes, Dinge zu antizipieren, ist ein gutes Zeichen, denn es bedeutet, dass es begonnen hat, zu verstehen und dass es Zeit ist, zu einer anderen Übung überzugehen.

KAPITEL

ÜBUNGEN DER TRAININGSSTUFE

2

TRAININGSSTUFE:
DIE GRUNDLAGE

Die Figuren sind das Oval, das Schenkelweichen im Schritt und 20-Meter-Zirkel. Die Pylone (kleine Verkehrs-Pylone in verschiedenen Farben, normalerweise orange) sind in der Reitbahn aufgestellt.

Einer meiner Schüler sagte einmal zu mir: „Eine Reitbahn ohne die Pylone ist wie ein Apartment ohne Möbel."

KAPITEL 2

TRAININGSSTUFE, ÜBUNG 1

Das Oval

ZUM AUFWÄRMEN, LEICHTTRABEN AUF BEIDEN HÄNDEN.

Zweck

Ein Beispiel für das Aufwärmen.
„Reite dein Pferd vorwärts und richte es gerade!"

Stellen Sie sich vor

- Auf die lange Seite kommen = auf eine Autobahn **auffahren**.
- Den Halb-Zirkelbogen erreichen = die Autobahn **verlassen**.
- An der langen Seite: bergauf, vorwärts, gerade.
- Auf dem Halb-Zirkelbogen: rund, länger und tiefer.

Variation

- Reiten Sie eine einfache Schlangenlinie durch das Pylonen-Tor vor **B** oder **E**.
- Kehren Sie an der langen Seite auf das Oval zurück.

Achten Sie darauf

- Wie die Reiter zu verstehen beginnen, ihre Pferde zu navigieren und zu führen.
- Dass die Pferde langsam beginnen, „ihre Rücken" und ihren Schritt zu finden.
- Dass die Pferde entspannt arbeiten und ihren Takt finden.
- Dass die Arbeit auf einem Oval durchgeführt wird und folglich tiefe Ecken vermieden werden.

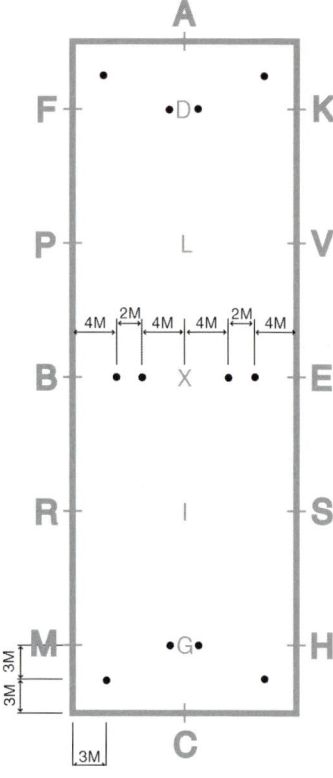

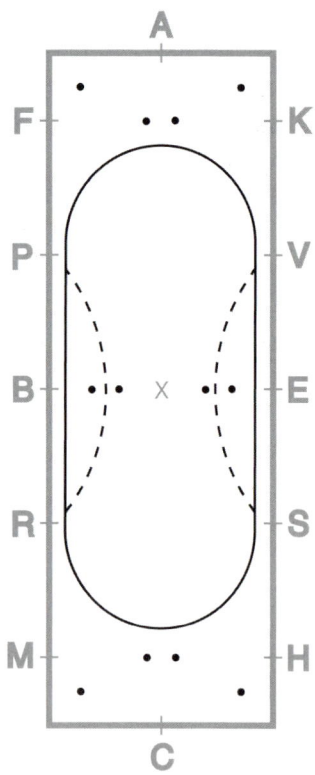

TRAININGSSTUFE, ÜBUNG 2

Schenkelweichen

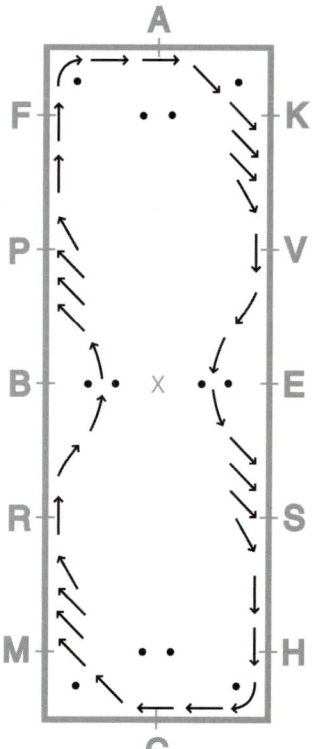

Zweck

Basisübung zur Einführung des Schenkelweichens. Geritten auf beiden Händen. Ebenfalls genutzt zur Einführung und Erklärung der Hilfen für die halbe Parade.

Erklärung

- Der innere Schenkel am Gurt bewegt die Vorhand.
- Der äußere Schenkel in Kombination mit dem äußeren Zügel hält das Pferd **vorwärts und gerade**.
- Die Gerte in der inneren Hand wird, wenn nötig, vorsichtig am inneren Hinterbein eingesetzt, um das Pferd das Weichen des Hinterbeins zu lehren.
- Beide Zügel spielen feinfühlig mit dem Gebiss, um das Pferd im Hals, Genick (Axis-Gelenk), in den Kiefern und im Maul entspannt und losgelassen zu halten.

Achten Sie darauf

- Dass die Übung im Schritt beginnt.
- Dass die Übung später im Trab ausgeführt werden kann, wenn das Pferd gelernt hat, sie im Schritt ordentlich auszuführen.
- Dass das Pferd **sofort belohnt** werden muss, sobald es entweder verstanden oder sich verbessert hat! Das bedeutet, das Schenkelweichen sofort zu unterbrechen. Entweder reiten Sie dann gerade auf dem Hufschlag weiter, oder Sie reiten einen einzelnen Schlangenlinienbogen und bringen das Pferd so zurück auf den Hufschlag, um die Übung fortzusetzen.

KAPITEL 2

TRAININGSSTUFE, ÜBUNG 3

Der 20-Meter-Zirkel

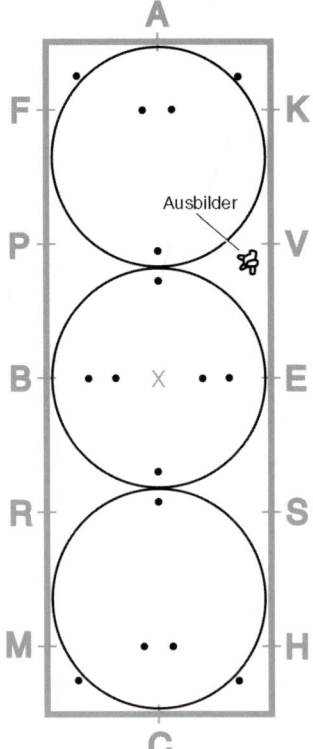

Zweck

Zirkel auf beiden Händen im Trab sowie im Galopp einzuführen und zu trainieren, und zwar bei **A**, in der Mitte um **X** und bei **C**.

Beachten Sie

- Dass der Reiter – dank der aufgestellten Pylone – navigieren und wie ein Spring- oder Vielseitigkeits-Reiter den nächsten Sprung anvisieren muss.
- Dass der Reiter die Anweisung bekommt, den Zirkel in einer modifizierten Diamant- oder Pentagon-Form (siehe Abb. Seite 24) zu reiten. Dieses Geradmachen des Pferdekörpers zwischen jeder „Mini-Ecke" verhindert die normale Tendenz des Pferdes, sich zu verwerfen und über die äußere Schulter auszuweichen.
- Dass der Ausbilder normalerweise außerhalb des Zirkels steht, um den korrekten Sitz und die Haltung des Reiters zu beobachten und zu kontrollieren. Der Reiter muss energisch mit äußeren Hilfen arbeiten, um die Auswirkung der Fliehkraft zu begrenzen (die natürlich im Galopp noch stärker auftritt). Diese Fliehkraft drückt den Reiter auf die äußere Seite des Pferdes und das Pferd somit weg von der Zirkellinie.

TRAININGSSTUFE, ÜBUNG 4

Der 20-Meter-Zirkel

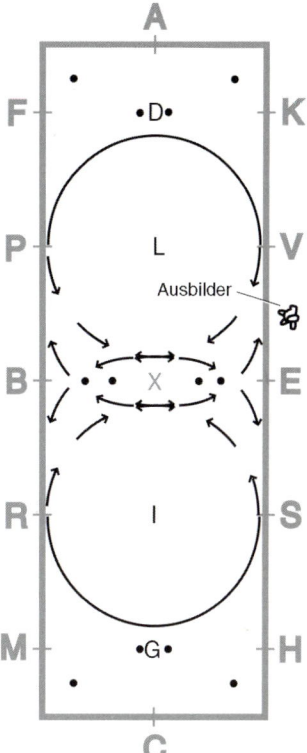

Zweck

Zum Üben des Reitens auf dem 20-Meter-Zirkel bei **L** und bei **I**. Zum Trainieren des „Aus dem Zirkel wechseln" bei **X** mit gleichzeitigem Handwechsel, wie beim Reiten einer Acht.

Erklärung

- Die Übung kann sowohl im Trab als auch im Galopp geritten werden.
- Der Zirkel- und Handwechsel im Galopp sollte durch einen einfachen Wechsel über Trab erfolgen.

Beachten Sie

- Für die grundlegenden **Beachtungen** lesen Sie die **Übung 3**.
- Dass Sie beim Erreichen der Mittellinie einige Schritte geradeaus reiten, wenn Sie den Zirkel wechseln.
- Dass der Reiter den Gehorsam des Pferdes auf die neuen äußeren Hilfen lenkt. Das Pferd muss lernen, die Gewichtshilfen des Reiters zum Handwechseln zu befolgen. Erst dann sollten die Stellung im Genick und die Biegung gewechselt werden.
- Dass der Reiter nicht zulässt, dass sich das Pferd verwirft und über die Schulter ausweicht.
- Dass der Reiter die Neigung des Pferdes begrenzt, sich an der Bande anzulehnen und dem Hufschlag an der langen Seite zu folgen. Die Bande hat immer eine magnetische Anziehungskraft.

Grundlegende Empfehlung

„**Reiten Sie Ihr Pferd vorwärts und richten Sie es gerade!**" Dieser Rat trifft sogar zu, wenn Sie Zirkel reiten.

KAPITEL 2

TRAININGSSTUFE, ÜBUNG 5

Der 20-Meter-Zirkel

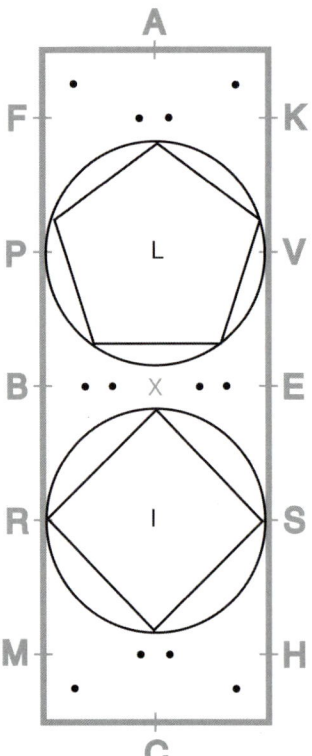

Zweck

Dem Pferd beizubringen, sich in der Längsachse zu biegen und dem Reiter zu vermitteln, wie er das Pferd allmählich die Zügel aus der Hand kauen lässt.

Erklärung

- Arbeiten Sie, wie in **Übung 4 der Trainingsstufe**, sowohl im Trab als auch im Galopp auf den Zirkeln bei **L** und **I**. Dies ist anspruchsvoller, als die Zirkel bei **A** oder **C** zu üben.

Achten Sie darauf

- Dass der Reiter korrekt navigiert (**Disziplin!**) und in der Lage ist, seine Gewichtshilfen zu kontrollieren, um sein Pferd vorwärts zu reiten und es gerade zu richten.
- Denken Sie jedoch daran, dass Pferde stark und clever sind! Aus diesem Grund ist es oft ratsam, die Reiter anzuweisen, sich beim Reiten des Zirkels an der Form eines Diamanten oder Pentagons zu orientieren. Dieses Bild hilft dem Reiter, daran zu denken, das Pferd außen zu begrenzen und die Fliehkraft zu kontrollieren.

Grundlegende Empfehlung

- Bei Übungen, wie sie oben beschrieben sind, ist es ratsam, das Pferd im Genick konter zu stellen, als ob Sie Konter-Schultervor reiten wollten.
- Das Gewicht des Reiters sollte in Richtung des Zirkelmittelpunkts verlagert werden.
- Der innere Schenkel des Reiters (welcher sich aufgrund der Konter-Stellung des Pferdes nun auf der Außenseite des Zirkels befindet) liegt am Gurt und verschiebt die Schulter und den Ellenbogen des Pferdes.
- Der äußere Zügel (der Zügel, der sich näher am Zirkelmittelpunkt befindet) führt das Pferd entlang des Umfangs, falls nötig, mit einer seitwärts weisenden Tendenz. Beide Zügel schaffen Gehorsam, wenn die halben Paraden des Reiters den Schwerpunkt auf die Hinterhand, besonders auf das der Zirkelmitte näheren Knies des Pferdes, verlagern.

Beachten Sie

- Dass der Reiter positiv handelt – mit sofortiger Belohnung – sobald das Pferd auf die Hilfen reagiert.
- Dass der Reiter, wenn das Pferd auf die Hilfen reagiert und seinen Rücken hergibt, seinen Rhythmus und seinen Takt findet, die Zügel nachgibt, um gerade zu richten und dem Pferd gestattet, sich langsam vorwärts abwärts zu dehnen.
- Dass der Reiter auf dem Gipfel des Pferdes sitzt.
- Dass das Profil des Pferdes wie ein Regenbogen aussieht.
- Dass das Pferd den Anschein macht, als würde es Sand fressen wollen!
- Dann hat das Bodybuilding des Pferdes begonnen!

KAPITEL

3 ÜBUNGEN DER ERSTEN TRAININGSSTUFE

ERSTE STUFE:
DIE LÖSENDE ARBEIT

Die Figuren sind Schenkelweichen, 15- und 20-Meter-Zirkel und Tritte verlängern im Trab.

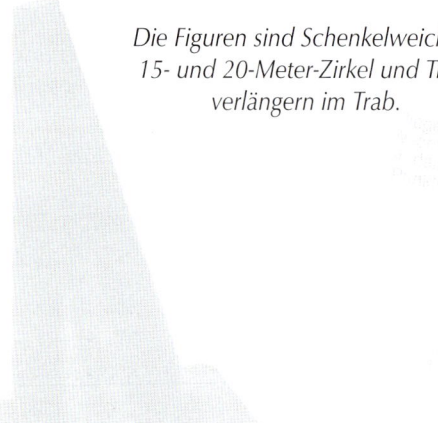

ERSTE STUFE: DIE LÖSENDE ARBEIT

ERSTE STUFE, ÜBUNG 1

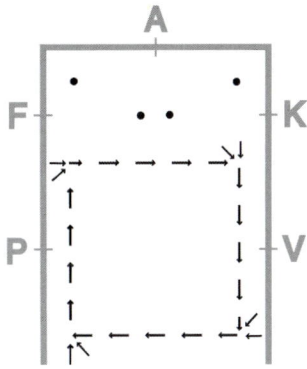

„Die Schwamm-Übung"

Zweck

Die viertel und halbe Vorhandwendung zu trainieren, bevor Sie mit dem Training des Schenkelweichens beginnen. Diese Übung kann in fast jeder Trainingssituation bis hin zum Grand Prix genutzt werden, wann immer das Pferd nicht genügend auf den inneren Schenkel (den Hammer) reagiert.
Ebenso lehrt sie sowohl den Reiter als auch das Pferd, die Technik der halben Paraden zu verstehen.

Erklärung

Beginnen Sie mit der Vorhandwendung, um die Aufmerksamkeit des Pferdes für die vorwärts und seitwärts treibenden Hilfen zu prüfen. In jeder Ecke eines 15-Meter-Vierecks führt der Reiter eine Viertelvorhandwendung aus, erst nach links, später nach rechts. Zum Handwechseln macht der Reiter eine halbe Vorhandwendung in einer der Ecken. Starten Sie mit der Viertelwendung erst aus dem Halten, Schritt für Schritt, und später aus dem Schritt.

Beachten Sie

- Dass der Reiter das Pferd im Hals gerade hält, mit Ausnahme einer leichten Stellung im Genick.
- Dass der Reiter nicht mehr als die Augenbraue und Nüster des Pferdes sehen kann.
- Dass der Einfluss des äußeren Zügels verhindert, dass sich das Pferd im Hals verwirft.
- Dass der Reiter seinen seitwärts treibenden inneren Schenkel nah am Gurt einsetzt.
- Dass der Reiter seine Gerte in der inneren Hand hält, um sie ggf. an der Flanke des Pferdes einzusetzen.
- Dass der Reiter sein Pferd während der ganzen Wendung in der Vorwärtstendenz behält.
- Dass der Reiter den Kiefer und das Genick des Pferdes während der Wendung durch leichtes Spielen am Zügel beweglich hält.
- So hat der Reiter das Gefühl, als würde er die Spannung und den Widerstand aus dem Pferd auswringen wie einen nassen Schwamm über einem Waschbecken. Feine Wechselwirkungen zwischen dem treibenden inneren Schenkel, dem verwahrenden äußeren Schenkel, dem verwahrenden und regulierenden äußeren Zügel und dem annehmenden/nachgebenden inneren Zügel können mit dem Gedanken des Vorwärtsreitens viele Widerstände im Pferd aufspüren.

KAPITEL 3

ERSTE STUFE, ÜBUNG 2

Die Wendung auf dem Quadrat

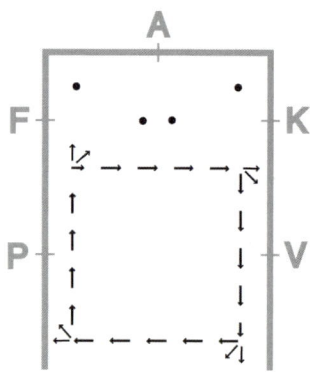

Zweck

Um die Aufmerksamkeit des Pferdes auf die vorwärts seitwärts treibenden und annehmenden Hilfen zu entwickeln.

Erklärung

Halten Sie Ihr Pferd in jeder Ecke eines 15-Meter-Quadrats an. Lassen Sie es nur mit der Vorhand eine Viertelwendung um die Hinterhand machen. Reiten Sie einen Spin, wie bei einem westerngerittenem Cutting-Pferd. Seien Sie nicht beunruhigt, wenn das Pferd bei dieser Übung mit den Hinterbeinen „stecken bleibt".

Beachten Sie

- Dass der Reiter die Wendung beginnt, indem er sein Gewicht in Richtung der Wendung verlagert, mit dem äußeren Gesäßknochen in Richtung Sattelmitte.
- Dass der Reiter seinen äußeren Schenkel nah am Gurt einsetzt, um die äußere Schulter des Pferdes weichen zu lassen.
- Dass der Reiter das Pferd im Hals gerade hält, mit Ausnahme einer leichten Stellung im Genick in Richtung der Wendung.
- Dass der Reiter das Pferd mit beiden Zügeln auf der Stelle hält.
- Dass der Reiter während der gesamten Wendung mit den Zügeln spielt, um das Pferd im Maul, den Kiefern und im Axis-Gelenk beweglich und losgelassen zu halten.
- Dass der Reiter das Pferd Schritt für Schritt wendet und ein Herumeilen verhindert, entweder durch Halten oder durch Konter-Biegung mit dem äußeren Zügel (Kommentar: Konter-Biegung bedeutet Biegung in die entgegengesetzte Richtung).
- Die korrekte Ausführung dieser Übung bringt das Pferd dazu, sein Gewicht auf die Hinterhand zu verlagern und bereitet es vor, aus der Wendung im Trab fortzufahren, mit einer guten Vorwärtstendenz und Selbsthaltung.
- Eine weitere Übung basierend auf der Wendung auf dem Quadrat ist, nach der Wendung im versammelten Trab fortzufahren und einen Übergang zum Halten zu machen und dann erneut zu wenden.

ERSTE STUFE, ÜBUNG 3

Vorbereitende Übung zum Schenkelweichen

Zweck

Zur Einführung des Schenkelweichens im Leichttraben. Ebenso zur Vorstellung einer guten Aufwärmübung.

Erklärung

Reiten Sie das Pferd leichttrabend vorwärts und gerade gerichtet auf die Diagonale von **M** nach **X**. Bei **X** setzen Sie das Leichttraben auf der Diagonalen fort und beginnen Ihr Pferd nach **K** hin zu verschieben. Bei **F** reiten Sie das Pferd vorwärts und gerade gerichtet im Leichttraben nach **X**. Bei **X** setzen Sie das Leichttraben auf der Diagonalen fort und beginnen es nach **H** zu verschieben.

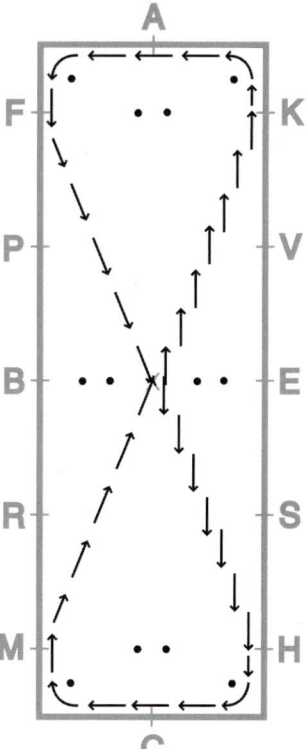

Beachten Sie

- Dass der Reiter korrekt navigiert (**Disziplin!**).
- Dass der Reiter seine Augen auf den Fokuspunkt richtet, nämlich das Ende der Diagonalen.
- Dass der Reiter sein Gewicht in den äußeren Steigbügel verlagert, sodass das Pferd seinem Gewicht folgt, dass er aber, falls notwendig, sein Gewicht sofort nach innen zurückverlagern kann, um den treibenden Schenkel zu verstärken.
- Dass der Reiter sein Pferd gerade hält, mit Ausnahme einer leichten Stellung im Genick.
- Dass der Reiter den Schwerpunkt des Pferdes – die Vorhand – in Richtung Ecke verschiebt.
- Dass der Reiter seinen inneren Schenkel kurz hinter dem Gurt einsetzt.
- Dass der Reiter die Verschiebung unterbricht, sobald sich das Pferd auf der inneren Seite verwirft oder von der Linie abweicht. Er reitet dann geradeaus weiter auf die Ecke zu, anstatt das Pferd während des Verschiebens zu korrigieren.

KAPITEL 3

ERSTE STUFE, ÜBUNG 4

Schenkelweichen

Zweck

Zum Trainieren des Schenkelweichens sowie der Unterbrechung des Schenkelweichens, erst im Schritt, später im Trab.

Erklärung

Schenkelweichen ist eine Seitwärts-Bewegung entlang einer geraden Linie vom Start bis zum Ende. Der Reiter muss dieser Linie exakt folgen. Das Pferd wird durch die Ecke auf die Diagonale geritten, um seinen Vorwärtsdrang zu erhalten und ihm die Richtung anzuzeigen. Je jünger das Pferd ist, desto wichtiger ist es für das Pferd, die Linie und den Fokuspunkt zu erkennen, bevor man mit der Seitwärtsverschiebung beginnt.

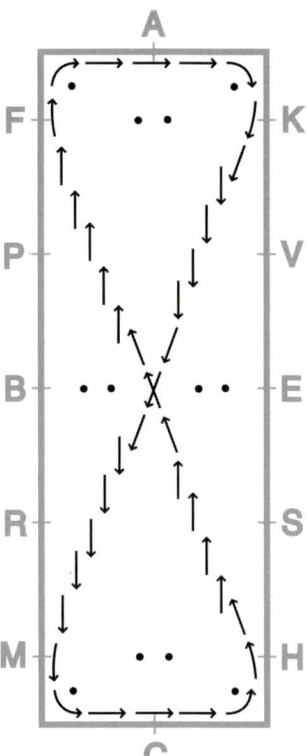

Beachten Sie

- Dass der Reiter navigiert und seine Augen auf den Fokuspunkt am Ende der Diagonalen gerichtet hält.
- Dass der Reiter nach einer halben Parade seine äußeren Hilfen anwendet und beginnt, etwa vier Schritte zu weichen. Ich nenne es ein „Segment".
- Dass der Reiter das Schenkelweichen nach den vier Schritten unterbricht, das Pferd zum Fokuspunkt wendet und der Linie folgt.
- Dass der Reiter ein neues Segment von vier Schritten Schenkelweichen reitet, sobald das Pferd gerade gerichtet ist und sich mit leichter Vorhand vorwärts bewegt.
- Dass etwa drei Segmente Schenkelweichen pro Diagonale ausreichend sind.
- Die Unterbrechung in der Bewegung lehrt den Reiter, seine äußeren und treibenden Hilfen zu benutzen und vorwärts zu denken.
- Die Unterbrechung verhindert, dass sich das Pferd im Hals verwirft und über die äußere Schulter ausbricht oder von der Linie abweicht und eventuell seinen Vorwärtsdrang verliert.

Jetzt beginnt der Reiter mit seinem Pferd zu „tanzen"!

ERSTE STUFE, ÜBUNG 5

Schenkelweichen

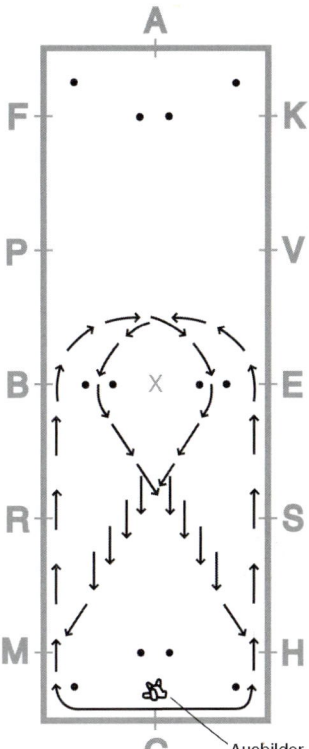

Zweck

Das Schenkelweichen vom Anfang bis zum Ende nach einem 15-Meter-Halbzirkel zu trainieren.

Erklärung

Beginnen Sie bei **H** und folgen Sie dem Hufschlag nach **E**. Bei **E** reiten Sie einen halben 15-Meter-Zirkel in Richtung des Pylonen-Tors am hinteren Ende der Mittellinie. Am Pylonen-Tor reiten Sie die diagonale Linie zurück zu **H** und lassen den rechten Schenkel weichen. Bei **M** reiten Sie diese Übung in die entgegengesetzte Richtung nach **B**.

Beachten Sie

- Dass der Reiter navigiert!
- Dass der Reiter einen sorgfältigen runden Halbzirkel reitet.
- Dass der Reiter dem Pferd gestattet, durch das Pylonen-Tor zu gehen und ihm hilft, die „Linie" zur Ecke zu erkennen.
- Dass der Reiter die äußeren Hilfen einsetzt, bevor er mit dem Schenkelweichen beginnt, um zu verhindern, dass die Pferde sich im Genick verwerfen und über die äußere Schulter ausfallen.
- Dass das Schenkelweichen mit den Vorderbeinen des Pferdes auf der „Linie" ausgeführt wird, ohne jegliche Abweichung.
- Sollte das Pferd, trotz der reiterlichen Bemühungen dies zu vermeiden, von der „Linie" abweichen, muss der Reiter das Schenkelweichen entschieden unterbrechen und das Pferd vorwärts und gerade gerichtet zur Ecke hin reiten.

Meine Empfehlung

- Erlauben Sie dem Reiter, seine Gerte ab und zu in der äußeren Hand zu benutzen. Sobald das Pferd die Tendenz zeigt, seinen Vorwärts- oder Seitwärtsdrang zu verlieren, lassen Sie den Reiter das Pferd an der äußeren Flanke berühren. Für gewöhnlich erhält man bei dieser Berührung eine sofortige und sichtbar positive Reaktion!
- Dieses Training ist ein Beispiel für die Wiederholung einer Übung.

Vorteile

1. Der Ausbilder muss nicht die ganze Zeit Anweisungen geben.
2. Es ist ein gutes Beispiel für „Learning by Doing", sowohl für das Pferd als auch für den Reiter.
3. Der Ausbilder kann sich auf das Unterrichten des „Wie" und „Warum" konzentrieren.

- Wie oft? Was wird empfohlen?
  Das hängt vom Trainingsniveau von Pferd und Reiter ab, sowie der Möglichkeit des Paares, Training zu bekommen.
- Es sollte nie Langeweile aufkommen! Denken Sie daran, die Tendenz des Pferdes, Aufgaben zu antizipieren, ist ein gutes Zeichen dafür, dass es diese begriffen hat und es an der Zeit ist, zu einer anderen Übung überzugehen.

ERSTE STUFE: DIE LÖSENDE ARBEIT

ERSTE STUFE, ÜBUNG 6

Schenkelweichen in Verbindung mit Angaloppieren

Zweck

Zum Trainieren des Schenkelweichens, angefangen in der Ecke bis zum Ende am Pylonen-Tor, kombiniert mit Angaloppieren.

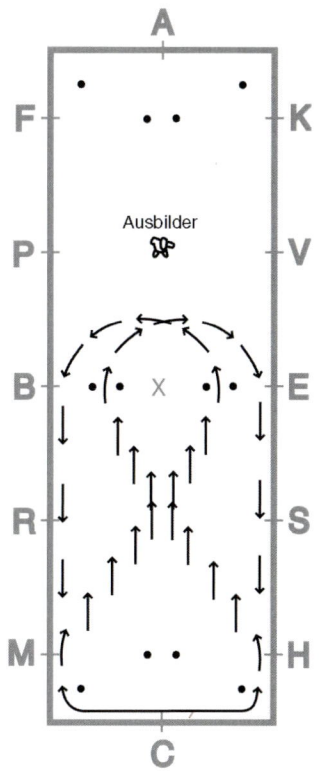

Erklärung

Beginnen Sie bei **M** auf der Diagonalen in Richtung des Pylonen-Tors auf der entfernten Seite der Mittellinie. Auf der Diagonalen reiten Sie Schenkelweichen. Beim Pylonen-Tor galoppieren Sie auf der linken Hand auf einem halben 15-Meter-Zirkel an in Richtung **B**. Bei **R** reiten Sie einen Übergang zum Arbeitstrab. Bei **H** beginnen Sie mit dem Schenkelweichen in Richtung des anderen Pylonen-Tors. Im Pylonen-Tor gehen Sie zum Rechtsgalopp auf einem halben 15-Meter-Zirkel in Richtung **E** über. Bei **S** reiten Sie einen Übergang zum Arbeitstrab.

Beachten Sie

- Dass der Reiter navigiert.
- Dass der Reiter die Diagonale aufnimmt und dem Pferd das Pylonen-Tor zeigt, bevor er mit dem Schenkelweichen beginnt.
- Dass der Reiter die äußeren Hilfen einsetzt, bevor er mit dem Schenkelweichen beginnt. Er erhöht den Kontakt am äußeren Zügel und überprüft den Vorwärtsdrang des Pferdes. Er muss den Aufwärts-/Vorwärtsdrang fühlen, bevor er die seitwärts weisenden Hilfen anwendet.
- Dass das Schenkelweichen auf der Linie ohne jegliche Abweichung ausgeführt wird.

Dies ist wettbewerbsfähiges Training!

- Dass der Reiter beim Angaloppieren über seine äußere Schulter sieht, um ein Einknicken in der Hüfte zu vermeiden und dass er seinen äußeren Gesäßknochen zur Sattelmitte bewegt.
- Dass die Hilfen zum Angaloppieren genau dann gegeben werden, wenn sich das Pferd innerhalb des Pylonen-Tores befindet und sich Richtung Bande dreht.

Mit den Übungen 1-6 der Ersten Stufe haben Sie ein gutes Angebot von Übungen für höher ausgebildete Pferde, die man des Öfteren verwenden kann. Korrekt ausgeführt, ermutigen sie die Pferde, sich vorwärts sowie seitwärts zu bewegen. Sie fördern das Geradegerichtetsein, die Leichtigkeit der Vorhand und den Gehorsam gegenüber der Schenkel.

Dies ist eine gute Grundlage für die Seitengänge im versammelten Trab.

ERSTE STUFE: DIE LÖSENDE ARBEIT

ERSTE STUFE, ÜBUNG 7

15-Meter-Zirkel und 10-Meter-Volten

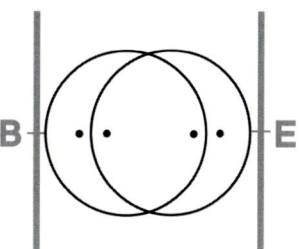

Zweck

15-Meter-Zirkel und 10-Meter-Volten zu trainieren.

Erklärung

- Trainieren Sie 15-Meter-Zirkel, entweder von **E** oder **B** aus, durch das Pylonen-Tor auf der entfernten Viertellinie oder ausgehend vom Pylonen-Tor auf der Viertellinie in Richtung **E** oder **B**.
- Trainieren Sie 10-Meter-Volten ausgehend von **X** nach **B** oder **E**.
- Trainieren Sie 10-Meter-Volten entweder von **E** oder **B** ausgehend.
- Trainieren Sie 10-Meter-Volten von Viertellinie zu Viertellinie.

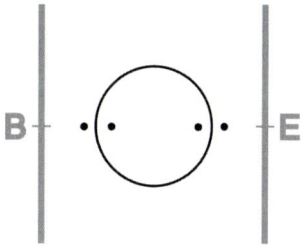

Beachten Sie

- Dass der Reiter *navigiert* und von seiner hohen Position aus die Zirkel mit seinen Augen „zeichnet". Das Pferd kann dann den Augen des Reiters folgen.
- Dass der Reiter die zweite Hälfte des Zirkels und der Volte gleich groß und rund wie die erste Hälfte reitet.
- Dass der Reiter seine Gewichtshilfen benutzt (den äußeren Gesäßknochen in die Sattelmitte), um das Pferd zu ermutigen, in den Zirkel „einzutreten".
- Dass der Reiter dem Pferd beim Nachgeben des äußeren Zügels gestattet, den Gewichtshilfen zu folgen.
- Dass der Reiter das Pferd mit dem inneren Zügel auf dem Zirkel entlang führt.
- Dass der Reiter niemals zulässt, dass sich das Pferd im Hals verwirft oder über die äußere Schulter ausbricht.

Denken Sie daran

Auch beim Reiten von Zirkeln und Volten:
Reiten Sie Ihr Pferd vorwärts und richten es gerade!

KAPITEL 3

ERSTE STUFE, ÜBUNG 8

20-Meter-Zirkel mit Angaloppieren

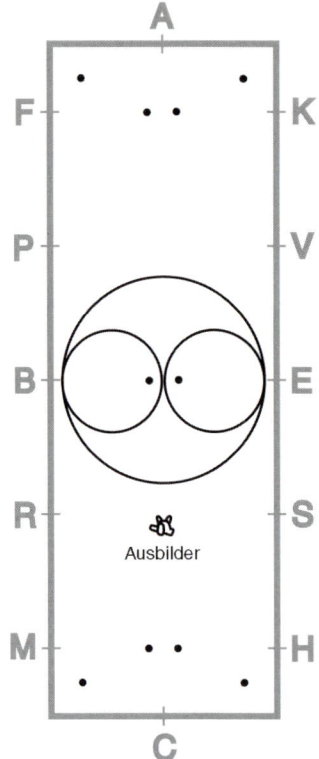

Zweck

Zum Trainieren des Reitens eines 20-Meter-Zirkels im Trab mit Handwechsel durch den Zirkel über **X**. Beim Handwechsel bei **X** galoppieren Sie an.

Erklärung

- Reiten Sie den 20-Meter-Zirkel auf der linken Hand. Beginnen Sie den Handwechsel bei **E**, indem Sie der Linie einer halben 10-Meter-Volte auf der linken Hand folgen.
- Kommen Sie gerade auf der Mittellinie in Richtung **C** aus, und galoppieren Sie auf der rechten Hand an, einer halben 10-Meter-Volte nach **B** folgend. Bleiben Sie für ca. zwei Runden auf dem 20-Meter-Zirkel auf der rechten Hand.
- Nach einem Übergang in den Trab wiederholen Sie die Übung und starten dabei entweder bei **E** oder **B**.

Beachten Sie

- Dass der Reiter das Pferd bei **E** auf die halbe 10-Meter-Volte gehen lässt.
- Dass der Reiter bei **X** sein Gewicht von der linken auf die rechte Seite verlagert und beim Angaloppieren über seine äußere Schulter sieht.
- Dass der Reiter sein Pferd beim Angaloppieren nicht mit dem neuen inneren (vorherigen äußeren) Zügel blockiert.
- Dass der Reiter dem Pferd das Angaloppieren *gestattet*, wenn er den neuen äußeren Zügel nachgibt.

ERSTE STUFE, ÜBUNG 9

Tritte verlängern im Trab

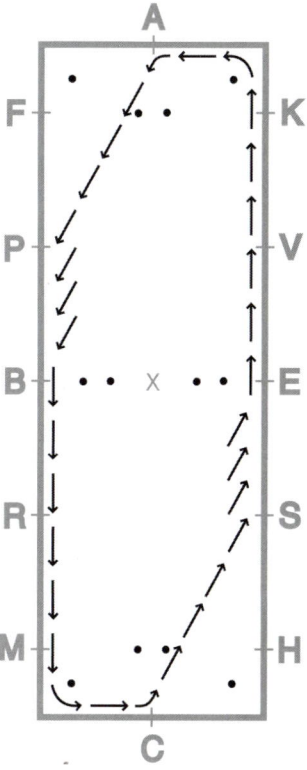

Zweck

Zum Trainieren von Tritte verlängern sowie verkürzen im Trab. Ebenso zum Üben von Übergängen.

Erklärung

- Die Zeichnung beschreibt das Training auf der linken Hand.
- Reiten Sie tief in die Ecke bei **K**. Halten Sie die Innenstellung und Geschmeidigkeit von der Ecke bis zur Mittellinie. Bei **A** beginnen Sie eine zweite Ecke nach **P** hin abzukürzen. Benutzen Sie den äußeren Zügel, um das Pferd gerade zu richten.
- Reiten Sie das Pferd gleichzeitig mit dem äußeren rechten Schenkel am Gurt vorwärts. Sobald das Pferd mit Vorwärtsgehen reagiert, vervollständigen Sie die treibenden Hilfen, indem Sie mit dem inneren Schenkel am Gurt treiben.
- Die meisten Pferde begreifen sehr schnell, dass sie ihre Tritte verlängern sollen, wenn sie aus der Stellung und Biegung heraus vorwärts geritten werden.
- Wenn Sie sich der Bande bei **P** nähern, sollten Sie vermeiden, beim Zurücknehmen des Tempos an den Zügeln zu ziehen. Denken Sie daran, die Bande ist ein „Amboss".
- Bereiten Sie das Schenkelweichen vor und führen es aus. Sehen Sie sich noch einmal **Übung 2, Trainingsstufe, Schenkelweichen** an.

Beachten Sie

- Dass der Reiter *navigiert*.
- Dass der Reiter sein Pferd zum energischen Vorwärtsgehen motiviert. Es gibt faule Pferde, die höchstens ein Drittel oder die Hälfte ihrer Möglichkeiten einsetzen. In diesem Fall muss der Reiter sein Pferd entschlossen angaloppieren und energisch nach vorne reiten, um die Disziplin wiederzuerlangen. Nach einigen „Weckrufen" fängt das Pferd normalerweise an, gut mitzuarbeiten.
- Dass der Reiter couragiert genug ist, sein Pferd gerade auf die Bande zutraben zu lassen und es der Bande überlässt, das Pferd Versammlung und den Übergang zu lehren.
- Dass der Reiter lernt, die Reaktion seines Pferdes für die Versammlung zu fühlen und versucht, das Schenkelweichen so kurz wie möglich auszuführen.
- Vergessen Sie nicht: **die sofortigen Belohnungen!**

Mein Rat

- Beim Trainieren von Tritte verlängern im Trab denken Sie „Kurze Distanz. Gute Qualität". Heben Sie sich die langen Diagonalen für die Turniere auf.

Kommentar

- Ein Pferd hat nie mehr Raumgriff bzw. macht nie längere Schritte und Tritte, als es in der Lage ist, mit seiner Nase zu erreichen!
- Ein Pferd manchmal tief oder etwas eng zu reiten, fördert den Gebrauch seines Rückens. Aber beobachten Sie, wie die Pferde auf der Trabrennbahn mit einem Aufsatzzügel gefahren werden, um ihre Köpfe hoch und ihre Nasen vor der Senkrechten zu halten und ihre Schulterfreiheit sowie die Trittlänge zu verbessern. Es ist unsere Pflicht, diese zwei Ideen im Training miteinander zu kombinieren.

ERSTE STUFE, ÜBUNG 10

Tritte verlängern im Trab

Zweck

Zum Trainieren des Tritteverlängerns aus dem Schenkelweichen heraus oder aus dem Schulterherein entlang der Bande.

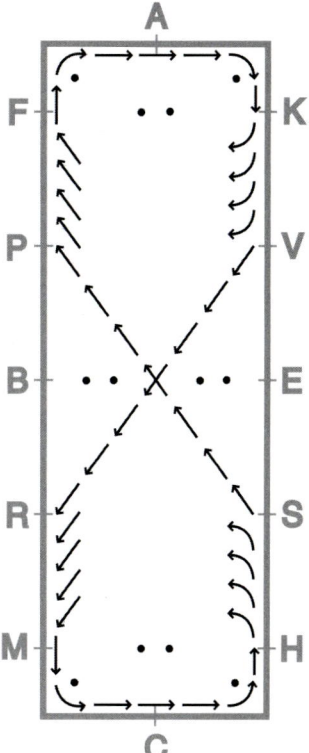

Erklärung

- Beginnen Sie bei **A** auf der rechten Hand. Von **K** bis **V** lassen Sie den rechten Schenkel weichen oder reiten Schulterherein nach rechts.
- Bei **V** biegen Sie auf die Diagonale nach **R** und verlängern die Tritte.
- Bei **R** reiten Sie einen Übergang zum Arbeitstrab über Schenkelweichen, bis das Pferd den Übergang und die Versammlung versteht und gehorsam folgt. Lesen Sie noch einmal **Übung 2 der Trainingsstufe** und **Übung 9 der Ersten Stufe**.
- Von **H** nach **S** lassen Sie den linken Schenkel weichen oder reiten Schulterherein nach links. Bei **S** reiten Sie auf die Diagonale nach **P** und verlängern die Tritte.
- Bei **P** reiten Sie einen Übergang zum Arbeitstrab über Schenkelweichen, bis das Pferd den Übergang und die Versammlung versteht und gehorsam folgt.

Beachten Sie

- Dass der Reiter *navigiert*.
- Dass der Reiter sein Pferd zum energischen Vorwärtsgehen motiviert. Noch einmal, es gibt faule Pferde, die höchstens ein Drittel oder die Hälfte ihrer Möglichkeiten einsetzen. In diesem Fall muss der Reiter sein Pferd entschlossen angaloppieren und nach vorne reiten, um die Disziplin wiederzuerlangen. Nach einigen „Weckrufen" fängt das Pferd normalerweise an, gut mitzuarbeiten.
- Dass der Reiter couragiert genug ist, sein Pferd gerade auf die Bande zulaufen zu lassen und es der Bande überlässt, das Pferd Versammlung und den Übergang zu lehren.
- Dass der Reiter lernt, die Reaktion seines Pferdes auf die Versammlung zu fühlen und versucht, das Schenkelweichen so kurz wie möglich auszuführen.
- Vergessen Sie nicht: **die sofortigen Belohnungen**!

Mein Rat

Beim Trainieren des Tritteverlängerns im Trab denken Sie „Kurze Distanz. Gute Qualität". Heben Sie sich die langen Diagonalen für die Turniere auf.

KAPITEL 3

ERSTE STUFE, ÜBUNG 11

Schenkelweichen und Tritte verlängern im Trab

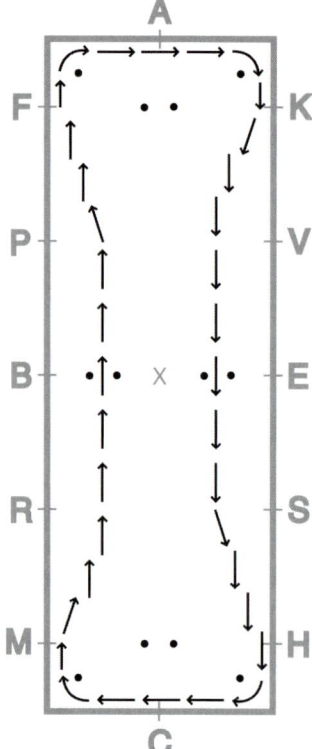

Zweck

Die lösende Übung des Schenkelweichens mit der Verlängerung von Tritten im Trab zu kombinieren.

Erklärung

- Beginnen Sie bei **A** auf der rechten Hand im Trab. Bei **K** reiten Sie auf die Diagonale und lassen den linken Schenkel weichen. Beim Erreichen der Viertellinie richten Sie das Pferd mit dem äußeren Zügel gerade. Gleichzeitig legen Sie den äußeren Schenkel an den Gurt und treiben das Pferd vorwärts. Reiten Sie geradeaus durch das Pylonen-Tor.
- Nehmen Sie das Tempo zurück. Um jeglichen Widerstand zu vermeiden, beginnen Sie mit dem Schenkelweichen zur langen Seite und zur Ecke bei **H**. Bei **M** gehen Sie auf die Diagonale und lassen den linken Schenkel weichen.
- Wiederholen Sie diese Übung auf der gegenüberliegenden Seite.

Beachten Sie

- Dass der Reiter das Pferd auf die Diagonale gehen lässt, bevor er mit dem Schenkelweichen entlang der Diagonalen beginnt.
- Dass der Reiter – wenn er das Schenkelweichen unterbricht und mit dem Tritteverlängern beginnt – eine gute und stetige Verbindung am äußeren Zügel behält. Damit **lernt er zu fühlen**, ob das Pferd vorwärts gehen möchte oder nicht.
- Dass der Reiter das Pferd, wenn es wiederholt faul ist, entschlossen einige Male nach vorne angaloppiert.

Lesen Sie auch noch einmal die **Übungen 9** und **10, Erste Stufe**.

KAPITEL 4

ÜBUNGEN DER ZWEITEN STUFE

ZWEITE STUFE:
DIE EINFÜHRUNG DER VERSAMMLUNG

Die Figuren sind das Rückwärtsrichten, Schulterherein, Travers, der Außengalopp und die halbe Hinterhandwendung.

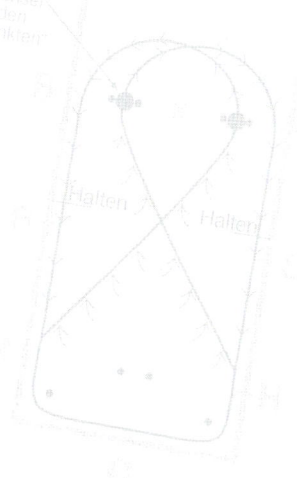

KAPITEL 4

ZWEITE STUFE, ÜBUNG 1

Rückwärtsrichten

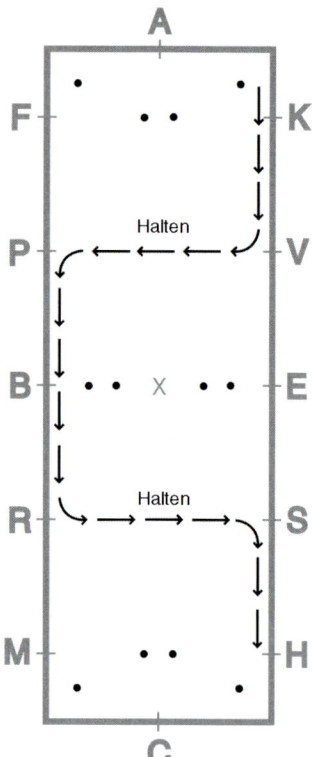

Zweck

In den meisten Sprachen wird diese Übung erklärt oder übersetzt mit „rückwärts gehen/Rückwärtsrichten". Das lässt den Reiter richtigerweise darauf schließen, dass das Pferd die vorwärts treibenden Hilfen annehmen muss, um am Zügel rückwärts gehen zu können.

Erklärung

- Beginnen Sie im Schritt und biegen Sie von einer beliebigen Stelle der langen Seite zur Mittellinie ab. Bereiten Sie das Halten vor, und halten Sie auf der Mittellinie. Danach üben Sie das Rückwärtsrichten für 3-4 Tritte. Arbeiten Sie später aus dem Trab und Galopp.
- Wechseln Sie regelmäßig die Hand.

Beachten Sie

- Dass das Pferd beim Halten an den Hilfen und gleichmäßig auf allen Beinen steht.
- Dass der Reiter mit beiden Beinen nah am Gurt vorwärts treibende Hilfen gibt.
- Dass der Reiter, wenn das Pferd seinen Schwerpunkt nach vorn bewegt, dieser Vorwärts-Tendenz mit nicht nachgebenden Händen und Spielen mit dem Gebiss begegnet.
- Dass der Reiter das Pferd, wenn es die Hilfen umsetzt und rückwärts zu gehen beginnt, sofort mit weichen Händen bei jedem Tritt belohnt.

Bemerkungen

- Sollte das Pferd nicht gut an den Hilfen und gleichmäßig auf den Vorderbeinen stehen, **versuchen Sie das Rückwärtsrichten auf keinen Fall!**
- Sollte das Pferd nach dem Halten die vorwärts treibenden Hilfen nicht annehmen, **versuchen Sie das Rückwärtsrichten auf keinen Fall**! Reiten Sie stattdessen vorwärts, um das Pferd vor die vortreibenden Hilfen zu bekommen.
- Versuchen Sie zu vermeiden, sich nach vorne zu lehnen, die Beine nach hinten in Richtung Flanken zu bewegen und an den Zügeln zu ziehen.

ZWEITE STUFE: DIE EINFÜHRUNG DER VERSAMMLUNG

- Wenn das Pferd verkrampft ist und sich widersetzt, versuchen Sie es mit einem der folgenden beiden Vorschläge. Der erste ist, eine Viertel-Vorhandwendung anzufangen. Sobald das Pferd sein Hinterbein hebt, drücken Sie den gleichseitigen Zügel. Normalerweise macht das Pferd dann einen Schritt rückwärts. Fahren Sie in dieser Weise fort. Wechseln Sie immer wieder bewusst die linke und rechte Seite – und seien Sie mit kleinen Fortschritten zufrieden.
- Oder nehmen Sie sich eine Person zu Hilfe, die mit dem Reiter vom Boden aus wie oben beschrieben zusammenarbeitet und dem Pferd bei jedem erfolgreichen Versuch Zucker oder ein Leckerli gibt. Manchmal kann diese Person das Pferd auch vorsichtig mit einer kurzen Reitgerte an den Fesseln oder dem Röhrbein berühren.
- Versuchen Sie immer Vertrauen zu schaffen! Vermeiden Sie jegliche Gewalt. Vermeiden Sie es am Anfang, auf dem Hufschlag oder an der Wand entlang zu arbeiten.
- Wenn das Pferd nicht gerade rückwärts geht, korrigieren Sie es nicht mit den Unterschenkeln. Ein solcher Versuch erzeugt in der Regel Widerstand.
- Versuchen Sie stattdessen, die Vorhand vor die Hinterhand zu bekommen, indem Sie die Zügel führend einsetzen. Stellen Sie sich vor, mit einem Auto oder Lastwagen rückwärts zu setzen.

ZWEITE STUFE, ÜBUNG 2

Schulterherein

Zweck

Eine vorbereitende Übung, um dem Reiter zu erklären, wie er die korrekte Biegung für das Reiten von Schulterherein erreichen kann. Zudem eine dehnende, gymnastizierende Übung. Dem Reiter bei der Entwicklung der Fähigkeit zu helfen, konzentrische 5-Meter-Kreise im Schritt zu reiten.

Erklärung

- Es scheint eine leichte Aufgabe zu sein, im Schritt einen konzentrischen 5-Meter-Kreis um einen Kegel herum zu reiten. Meiner Erfahrung nach haben sogar erfahrene Reiter Probleme, den Kreis konzentrisch zu halten und ihre Gewichtshilfen während der ganzen Übung hindurch korrekt einzusetzen.
- Jedes Mal, wenn das Pferd sein inneres Hinterbein anhebt, hebt es auch seine innere Kruppe. Der Reiter wird dadurch zur äußeren Seite des Pferderückens bewegt. Das bedeutet, dass der Reiter seine Gewichtshilfen bei fast jedem Schritt korrigieren muss. Denke „Pobacken-Management"! Es ist gut, die Grundbegriffe, wie man ein Pferd korrekt wendet, zu wiederholen: Folge meinem Gewicht, folge meinem führenden Zügel, und respektiere meinen inneren Schenkel.
- Das Ziel ist, die äußere Seite des Pferdes zu dehnen und so die Biegung der inneren Seite zu erreichen. Ohne jeglichen Widerstand sollte das Pferd dem Reitergewicht und dem führenden Zügel folgen, der die Kontraktion des Brustkorbs und der Flanken zulässt. Üben Sie dies auf beiden Händen.

Beachten Sie

- Dass der Reiter das Pferd die ganze Zeit über auf demselben Kreis hält.
- Dass der Reiter sein Gewicht – den äußeren Gesäßknochen in der Mitte des Sattels – für den ganzen Zirkel korrekt nach innen verlagert. Denken Sie an das *„Pobacken-Management"*!
- Dass der innere Schenkel am Gurt (der Hammer) die Kontraktion des Brustkorbs und der Flanken veranlasst.
- Dass der passive äußere Schenkel hinter dem Gurt eingesetzt wird (der Amboss).
- Dass der innere Zügel das Pferd um den Umriss des Kreises herumführt.

- Ab und zu muss der Reiter vom Pferd verlangen, „zu seinem Schweif zu sehen", indem er die innere Hand mit einer öffnenden Bewegung nach unten, weg vom Hals und hinter dem Oberschenkel führt. Wenn das Pferd lernt, seine äußeren Muskeln zu dehnen, ist eine Überdehnung des Halses nach innen wünschenswert. Aber obwohl die äußere Schulter mehr geöffnet (oder gewölbt) ist als normal, darf das Pferd niemals die gewählte Linie verlassen.
- Dass der äußere Zügel dem Pferd erlaubt (kein Kontakt!), dem inneren Zügel zu folgen.
- Dass der Reiter die Versuche des Pferdes, über die äußere Schulter auszufallen, nicht mit dem äußeren Zügel korrigiert. Dies ist eine häufig vorkommende, aber falsche Reaktion, wenn das Pferd dem inneren Zügel nicht folgt.

Stellen Sie sicher

Dass das Pferd den Hals und den äußeren Brustkorb weiter dehnt und gleichzeitig auf dem Kreisbogen verbleibt, wenn der Reiter den inneren Zügel verlängert und *sofort belohnt*. Das Pferd soll sich auf die Gesäß-, Gewichts- und Schenkelhilfen des Reiters verlassen und ihnen gehorchen – nicht den Zügeln!

ZWEITE STUFE, ÜBUNG 3

Schulterherein

Zweck

Eine vorbereitende Übung, um dem Reiter zu erklären, wie er die korrekte Biegung für das Reiten von Schulterherein erlangen kann. Außerdem, um dem Reiter beizubringen, wie er die Richtung wechselt, indem er seine Gewichts- und Schenkelhilfen einsetzt, unterstützt durch einen führenden und belohnenden inneren Zügel.

Erklärung

- Diese dehnende Aerobic-Gymnastik entwickelt die Fähigkeit des Reiters, Achten bestehend aus konzentrischen 8-Meter-Volten zu reiten. Es ist eine Art Basis-Übung mit dem Ziel, den Reiter zu lehren, seine Gewichtshilfen schnell von einer Seite des Pferderücken zur anderen zu verlagern. Die Gewichtshilfen sind die wichtigsten und einflussreichsten, aber gleichzeitig auch die feinsten und am wenigsten sichtbaren. Umso fortgeschrittener das Dressur-Training ist, desto schwieriger ist der korrekte Gebrauch der Gewichtshilfen.

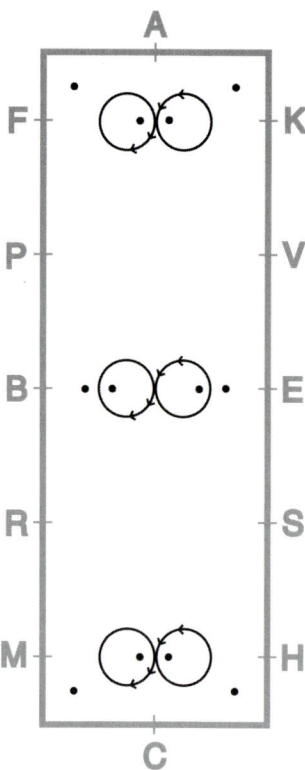

Beachten Sie

- Dass der Reiter sein Gewicht – der äußere Gesäßknochen zur Mitte des Sattels – für den ganzen Zirkel korrekt nach innen verlagert. *„Pobacken-Management"*!
- Dass der innere Schenkel am Gurt (der Hammer) die Kontraktion des Brustkorbs und der Flanken schafft.
- Dass der passive äußere Schenkel hinter dem Gurt eingesetzt wird (der Amboss).
- Dass der innere Zügel das Pferd um den Umriss der Volte herumführt.
- Ab und zu muss der Reiter vom Pferd verlangen, „zu seinem Schweif zu sehen", indem er seine Hand mit dem führenden Zügel nach unten und außen von seinem Oberschenkel bewegt.
- Dass der äußere Zügel dem Pferd erlaubt (kein Kontakt!), dem inneren Zügel zu folgen.

Stellen Sie sicher

Dass das Pferd den Hals und den äußeren Brustkorb weiter dehnt und gleichzeitig auf der Volte verbleibt, wenn der Reiter den inneren Zügel verlängert und *sofort belohnt*. Das Pferd soll sich auf die Gesäß-, Gewichts- und Schenkelhilfen des Reiters verlassen und ihnen gehorchen – nicht den Zügeln!

ZWEITE STUFE, ÜBUNG 4

Schulterherein

Zweck

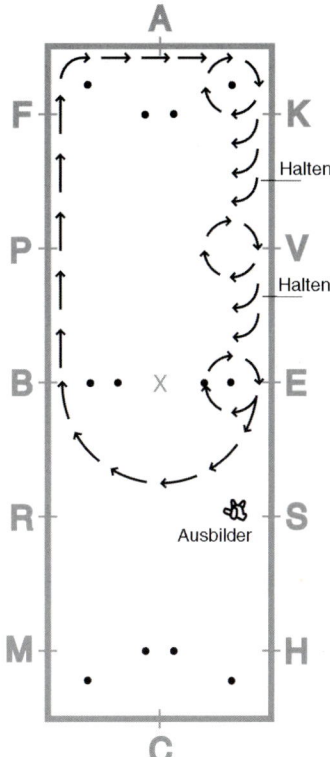

Das Reiten von Schulterherein zu beginnen und dann zu unterbrechen, erst im Schritt, später im Trab. Dem Reiter den richtigen Gebrauch der Hilfen für die halbe und ganze Parade beizubringen und gleichzeitig die Aufmerksamkeit des Pferdes und seinen Gehorsam darauf zu entwickeln. Üben Sie auf beiden Händen.

Erklärung

- Reiten Sie einen 5-Meter-Kreis in der Ecke. Siehe auch **Zweite Stufe, Übungen 2** und **3**.
- Nach dem Kreis in der Ecke reiten Sie so, als wollten Sie bei **K** auf die Diagonale abwenden. Der Winkel sollte ca. 35 Grad betragen. Reiten Sie eine ganze Parade zum Halt, behalten Sie das Pferd dabei an den Hilfen gestellt und mit der korrekten Biegung für Schulterherein nach rechts.
- Nach dem Halten reiten Sie Schulterherein nach rechts, fügen einen weiteren Kreis ein und halten das Pferd erneut in der Schulterherein-nach-rechts-Position.
- Reiten Sie danach wieder Schulterherein nach rechts und einen weiteren Kreis. Nach dem Kreis beginnen Sie einen halben 20-Meter-Zirkel von **E** nach **B**. Nach Überreiten der Punkte **P, F** und **A** kommen Sie zurück zur Ecke bei **K** und wiederholen die Übung.

Beachten Sie

- Dass der Reiter *navigiert*!
- Dass der Reiter eine gleichmäßige Biegung des Pferdes erreicht.
- Dass der Reiter dem Pferd nicht erlaubt, sich zu verwerfen oder über die äußere Schulter auszufallen.

Empfehlungen

- Üben Sie das Halten, und stellen Sie dabei sicher, dass der Reiter das Pferd an den Hilfen hat. Geben Sie besonderen Hinweis auf den Einfluss des äußeren Schenkels (dem Amboss).
- Versuchen Sie nicht, alles in die erste Trainingsstunde hineinzuzwängen.
- Trainieren Sie diese Übung, bis Reiter und Pferd zu verstehen beginnen und besser werden. Wenn das Pferd antizipiert, ist dies ein gutes Zeichen. Aus diesem Grund, *bestrafen Sie Vorwegnahme nicht*!

KAPITEL 4

ZWEITE STUFE, ÜBUNG 5

Schulterherein

Zweck

Das Reiten von Schulterherein entlang der Bande auf der rechten Hand zu üben. Denken Sie daran: *Kurze Distanz – gute Qualität!*

Beachten Sie

- Den Vorschlag für die Position des Ausbilders in der Reitbahn.
- Dass der Kreis in der Ecke korrekt ausgeführt wird.
- Dass der Reiter zuerst einen Winkel von ca. 45 Grad schafft, der dann später langsam auf den bevorzugten Winkel von 30 Grad reduziert wird.
- Der Grund dafür ist, dass es einfach ist, den Winkel zu verkleinern, aber manchmal unmöglich, ihn zu vergrößern, wenn man entlang des Hufschlags arbeitet. Pferde lehnen sich gern mit ihrem äußeren Brustkorb und äußeren Hinterbein an die Bande an, um ihr Gleichgewicht zu unterstützen. Die Bande übt einen magnetischen Einfluss auf das Pferd aus!
- Dass der Reiter auf dem zweiten Hufschlag reiten sollte (ca. 1,20 m weg von der Bande), um das Pferd daran zu hindern, sich an der Bande anzulehnen. Dazu ist es nötig, dass der Reiter seinen äußeren Schenkel einsetzt (den Amboss).
- Dass das Pferd sein inneres Hinterbein nach vorn und vor dem äußeren Hinterbein vorbeizieht, um seinen Schwerpunkt an Schulter und Widerrist tragen zu können.
- Dass der Reiter nach vorn sieht, navigiert und vorbereitet; entweder dem halben 20-Meter-Zirkelbogen von **V** nach **P** im Arbeitstrab zu folgen oder bei **V** auf einer halben 10-Meter-Volte in Richtung Mittellinie (**L**) rechts anzugaloppieren. In beiden Fällen sollte der Reiter bereit sein, die Übung im Trab bei **A** zu wiederholen.
- Dass die Übung auch auf der linken Hand geübt wird, in der Ecke bei **F** beginnend.

ZWEITE STUFE, ÜBUNG 6

Schulterherein und Übergänge zum Mitteltrab

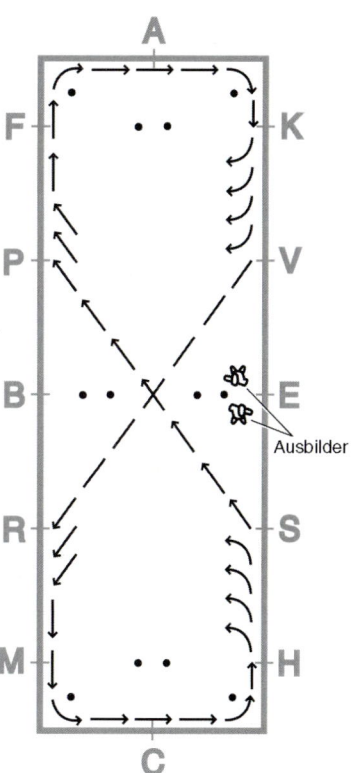

Zweck

Das Reiten von Schulterherein zu üben und den Trieb des Pferdes zu kontrollieren, nach dem Schulterherein geradeaus weiterzulaufen.

Beachten Sie

- Dass der Reiter navigiert.
- Dass das Schulterherein auf dem zweiten Hufschlag ausgeführt wird (ca. 1,20 m weg vom Hufschlag).

Vorschlag

- Beachten Sie die Position des Ausbilders.
- Lesen Sie noch einmal die **Übungen 9** bis **11** der **Ersten Stufe**.

KAPITEL 4

ZWEITE STUFE, ÜBUNG 7

Schulterherein auf der Mittellinie

Zweck

Das Reiten von Schulterherein auf der Mittellinie zu üben – vorzugsweise vor einem und in Richtung eines Spiegels – den Gebrauch des äußeren Schenkels betonend. Der äußere Schenkel des Reiters führt die Hinterbeine entlang der Mittellinie.

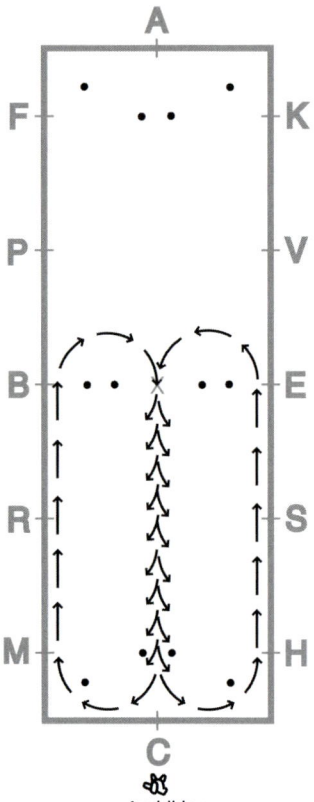

Erklärung

- Beginnen Sie bei **H** auf der linken Hand im versammelten Trab. Reiten Sie eine halbe 10-Meter-Volte links bei **E**, und bereiten Sie das Schulterherein links entlang der Mittellinie von **X** nach **G** vor. Biegen Sie bei **G** links ab, und wiederholen Sie die Übung circa dreimal. Biegen Sie nach dem dritten Mal bei **G** rechts ab, und üben Sie Schulterherein rechts entlang der Mittellinie.

Beachten Sie

- Dass der Reiter navigiert.
- Dass der Reiter die Biegung und den Winkel herstellt und die nötigen halben Paraden gibt, bevor er die Mittellinie erreicht.
- Dass die Leichtigkeit der Vorhand klar erkennbar sein sollte.
- Dass das Genick der höchste Punkt des Halses ist.
- Dass die Hinterbeine des Pferdes der Mittellinie folgen.

ZWEITE STUFE, ÜBUNG 8

Travers (Hinterhand in die Reitbahn) „DER SCHNEEPFLUG"

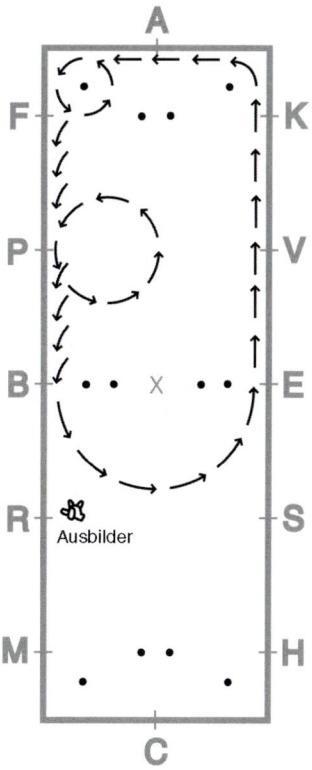

Zweck

Travers nach links entlang der Bande nach einer 6-Meter-Volte in der Ecke und einer entspannenden 10-Meter-Volte am nächsten Bahnpunkt zu üben.

Erklärung

- Beginnen Sie auf der linken Hand im versammelten Schritt bei **K**. Reiten Sie eine 6-Meter-Volte in der Ecke kurz vor **F**. Beginnen Sie mit Travers nach links bei **F**. Reiten Sie eine 10-Meter-Volte bei **P**, um den Gang wieder frischer zu machen. Setzen Sie nach der Volte Travers nach links fort. Entlassen Sie das Pferd bei **B** in den Arbeitstrab auf einem halben 20-Meter-Zirkelbogen von **B** nach **E**. Wiederholen Sie die Übung bei **K**.
- Nachdem Sie die Übung im Schritt gefestigt haben, trainieren Sie sie im Trab.
- Üben Sie später auf der anderen Hand, in der Ecke bei **F** beginnend und Travers reitend von **K**, erst im Schritt, dann im Trab.

Beachten Sie

- Dass die Volte in der Ecke korrekt ausgeführt wird (gleichmäßig rund) und Flexibilität in der Biegung geschaffen wird.
- Dass Reiter und Pferd denselben Fokuspunkt in der entfernten Ecke bei **M** haben.
- Dass der Reiter die äußere Ganasche des Pferdes parallel zur Bande hält.
- Dass der Reiter die Hinterhand nicht eher nach innen bringt (die Konstruktion eines Schneepflugs), bevor das Pferd in die zu reitende Richtung sieht.
- Dass der Reiter, wenn Travers ausgeführt wird, das Pferd die ganze Zeit über in diese Richtung sehen lässt. Pferde werden immer versuchen, entweder ins Innere der Reitbahn oder in Richtung Bande zu sehen, um zu vermeiden, die Biegung für das Travers aufrecht zu erhalten.

Vorschlag

Beachten Sie die Anzeige einer angemessenen Position für den Ausbilder.

Rat

Wenn der Reiter Travers reitet, sollte er daran denken, die Hilfen für Schulterherein zu gebrauchen – nämlich den inneren Schenkel wie den Hammer am Gurt einzusetzen!

KAPITEL 4

ZWEITE STUFE, ÜBUNG 9

Travers (Hinterhand in die Reitbahn) „DER SCHNEEPFLUG"

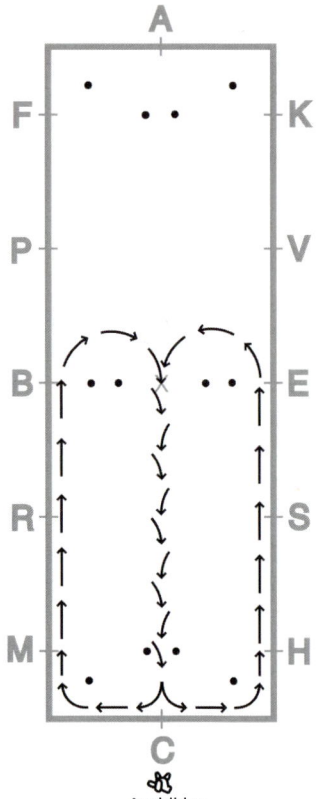

Zweck

Eine vorbereitende Übung für die Traversale. Um Travers auf der Mittellinie zu üben, vorzugsweise vor einem Spiegel und sowohl nach links als auch nach rechts.

Erklärung

- Beginnen Sie auf der linken Hand bei **H** in versammeltem Trab. Bei **E** reiten Sie eine halbe 10-Meter-Volte nach links, und bereiten Sie dann vor, Travers nach links entlang der Mittellinie zu reiten. Zwischen **X** und **G** reiten Sie Travers nach links.
- Bei **G** wenden Sie nach links ab. Wiederholen Sie die Übung ca. dreimal. Beim dritten Mal wenden Sie bei **G** nach rechts ab und üben Travers nach rechts entlang der Mittellinie von **X** nach **G**.

Beachten Sie

- Dass, wenn sie die Mittellinie herunterkommen, sowohl Reiter als auch Pferd direkt in Richtung **C** sehen. Der Reiter sieht die ganze Zeit über in die Augen des Ausbilders.
- Dass die Vorderbeine des Pferdes genau der Mittellinie folgen.
- Dass das Pferd auf drei oder vier Hufschlägen arbeitet und es ihm nicht erlaubt wird, das Übertreten der Hinterbeine zu übertreiben.

Vorschlag

Beachten Sie die Anzeige einer angemessenen Position für den Ausbilder.

Rat

Wenn der Reiter Travers reitet, sollte er daran denken, die Hilfen für Schulterherein zu gebrauchen – nämlich den inneren Schenkel wie den *Hammer* am Gurt einzusetzen!

ZWEITE STUFE, ÜBUNG 10

Travers und Traversale

Zweck

Um dem Reiter verständlich zu machen, dass die Traversale eigentlich nur Travers entlang einer diagonalen Linie ist, und dass die Hilfen dieselben sind wie für Travers. Die Übung sollte auf beiden Händen ausgeführt werden.

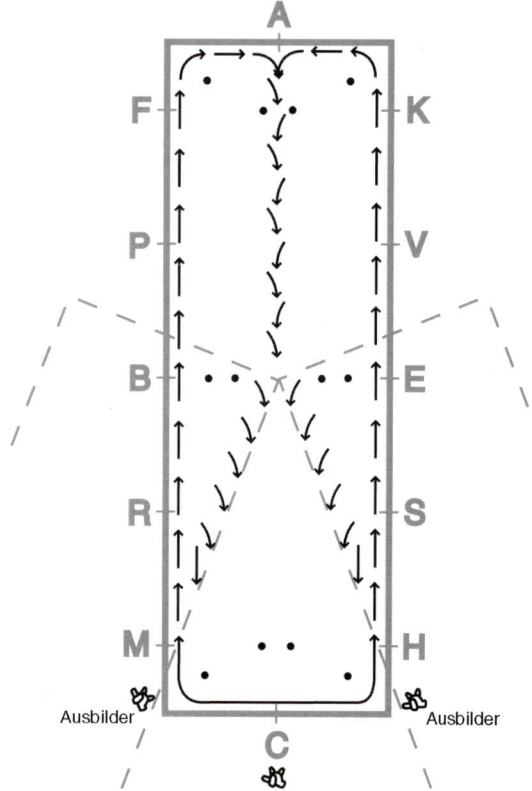

Erklärung

- Beginnen Sie bei **M** auf der rechten Hand in versammeltem Trab. Bei **A** wenden Sie auf die Mittellinie ab, und reiten Sie Travers nach rechts von **D** nach **X**. Ab **X** Travers nach rechts in Richtung **M**.
- Beenden Sie die Traversale, indem Sie den linken Schenkel weichen lassen, um das Pferd gerade zu richten und vorwärts zu reiten. Wiederholen Sie die Übung auf der linken Hand bei **H**.

Beachten Sie

- Dass der Reiter navigiert!
- Dass das Pferd das Ende jeder Linie fokussiert!
- Dass der Reiter das Pferd bei **X** vorsichtig durch eine leichte Wendung auf der Mittellinie wieder auf einen Hufschlag reitet, bevor er die Hilfen für die Traversale auf der neuen Linie **X** nach **H** oder **X** nach **M** anwendet, um zu verhindern, dass die Hinterbeine in die neue Richtung führen – ein schwerwiegender Fehler!
- Dass die Vorderbeine des Pferdes genau der Linie folgen. Nicht die geringste Abweichung wird akzeptiert.
- Dass der Reiter jede Traversale mit einigen Tritten Schenkelweichen unterbricht, um die Vorwärts-Bewegung wiederzuerlangen und den Schwung im Trab zu erhöhen.

Vorschlag

Beachten Sie die Anzeige einer angemessenen Position für den Ausbilder während jeder Phase der Übung.

Mein Rat

Alle Seitengänge sollten entlang einer geraden Linie zwischen Start und Ende geritten werden. Versuchen Sie, direkt von Anfang an „wettkampforientiert" zu trainieren.

ZWEITE STUFE, ÜBUNG 11

„Die Schleife"

Zweck

Um das Arbeiten mit halben und ganzen Volten (10 Meter) und Zirkeln (15 Meter) mit der Ausbildung von Schulterherein, Travers und Traversalen zu kombinieren.

Erklärung

- Beginnen Sie aus einem Zirkel bei **E** heraus in Richtung **K**. Reiten Sie Travers von **E** nach **K**. Bei **K** beginnen Sie die halbe 10-Meter-Volte nach links, zurück in Richtung **D**. Reiten Sie eine Traversale von **D** nach **E**.
- Bei **E** reiten Sie entweder eine 10-Meter-Volte oder einen 15-Meter-Zirkel nach rechts. Bei **E** Schulterherein nach rechts. Bei **H** beginnen Sie die halbe 10-Meter-Volte nach rechts, zurück in Richtung **G**. Von **G** nach **E** reiten Sie eine Traversale oder Schenkelweichen.
- Dann bei **E** reiten Sie eine 10-Meter-Volte oder einen 15-Meter-Zirkel nach links und beginnen die Übung erneut bei **E**.

Mein Rat

- Vermeiden Sie es, die Traversale zu beginnen, bevor das Pferd die halbe 10-Meter-Volte beendet und **G** bzw. **D** erreicht hat. Wenn der Reiter die Hilfen für die Traversale zu früh gibt, antizipiert das Pferd, und häufig geht die Hinterhand voraus. Ein schwerwiegender Fehler! Beenden Sie die Traversale mit einigen Schritten Schenkelweichen, um das Pferd gerade und vorwärts zu halten, bevor es auf den Kreisbogen bei **E** abwendet.

Bemerkung

- Diese Übung kann sehr gut für alle Schüler und Pferde verwendet werden. Die Dressurfiguren innerhalb dieser Übung müssen natürlich dem Ausbildungsstand der Reiter und Pferde entsprechend angepasst werden.

ZWEITE STUFE, ÜBUNG 12

Außengalopp

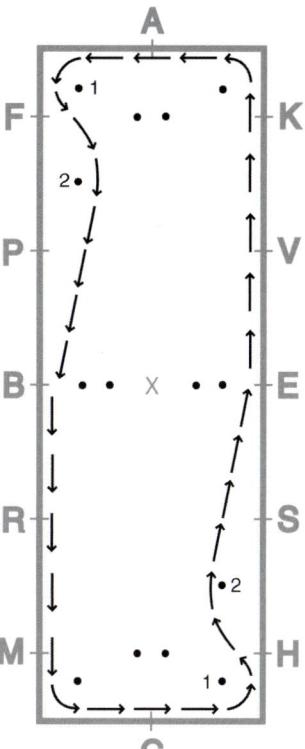

Zweck

Um das Angaloppieren im Außengalopp und Übergänge in den Trab zu trainieren.

Erklärung

- Reiten Sie bei **M** Arbeitstrab auf der linken Hand. Reiten Sie durch die Ecke bei **H** um den Eckkegel (1) herum. Reiten Sie eine flache Schlangenlinie um den zweiten Kegel (2) herum. Galoppieren Sie im Rechtsgalopp an. Bei **V** bereiten Sie den Übergang zum Trab vor. Bei **K** traben Sie und wiederholen die Übung an der nächsten langen Seite von **F** nach **R**.

Beachten Sie

- Dass der Reiter navigiert und beim Angaloppieren auf der inneren Seite nicht nach unten sieht, um ein Einknicken in der Hüfte zu verhindern.
- Dass der Reiter die Hilfen zum Angaloppieren gibt, wenn er die flache Schlangenlinie um den zweiten Kegel herum beginnt; also wenn die Biegung wechselt und das Gewicht des Pferdes sich auf die andere Seite verlagert.
- Dass der Reiter das Pferd in Richtung Bande stellt und die Bewegungen des Pferdes in Richtung Bande mit seinem äußeren Schenkel reguliert, wenn er den Übergang zum Trab beginnt. Er schließt das Pferd ein wie in einer engen Falle. Nach einigen Versuchen beginnt das Pferd normalerweise zu gehorchen und weiche Übergänge zum Trab auszuführen.

Später

- Trainieren Sie die Übung auf der rechten Hand mit Linksgalopp als Außengalopp. Verschieben Sie den Nr. 2-Kegel auf die gegenüberliegende Seite der Bahn (die neuen Nr. 1-Kegel stehen bereits richtig).

KAPITEL 4

ZWEITE STUFE, ÜBUNG 13

Außengalopp

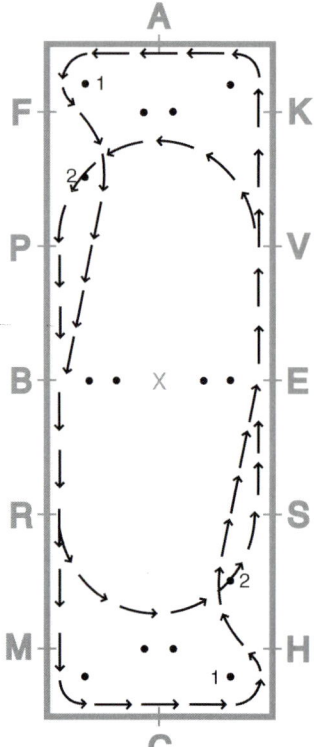

Zweck

Übung 12 mit einem halben 20-Meter-Zirkel im Außengalopp zu kombinieren.

Erklärung

- Üben Sie die **Übung 12** so lange, bis die Übergänge vom Galopp zum Trab durchgehend befriedigend ausgeführt werden. Dann fügen Sie entweder bei **V** oder **R** einen halben 20-Meter-Zirkel im Außengalopp hinzu.
- Nach jedem erfolgreichen Halb-Zirkel im Außengalopp reiten Sie einen Übergang zum Trab bei **B** oder **E** und belohnen sofort.

Beachten Sie

- Dass der Reiter *navigiert*.
- Dass der Reiter den Hals des Pferdes außer einer leichten Stellung im Genick in Richtung des führenden Beins gerade hält, sodass der Reiter gerade die Augenbraue und Nüster des Pferdes sehen kann.
- Dass der Reiter die Hilfen für die entsprechende Führung verstärkt, wenn er den halben 20-Meter-Zirkel im Außengalopp reitet.
- Dass der Reiter seinen äußeren Schenkel mit deutlichem Kontakt anlegt und mit einer fast Seitwärts-Tendenz arbeitet wie beim Travers.
- Dass der äußere Schenkel des Reiters wie ein Schleppkahn arbeitet, der einen großen Tanker in eine andere Richtung drückt.
- Verschieben Sie später die Nr. 2-Kegel zur gegenüberliegenden Seite der Reitbahn, um den linken Außengalopp zu üben.

ZWEITE STUFE: DIE EINFÜHRUNG DER VERSAMMLUNG

ZWEITE STUFE, ÜBUNG 14

Außengalopp

Zweck

Einen halben 20-Meter-Zirkel im Außengalopp zu üben, gefolgt von einem erfrischenden 15-Meter-Zirkel im Handgalopp. Das Beispiel beschreibt das Üben des Außengalopps rechts.

Erklärung

- Beginnen Sie mit Außengalopp rechts nach der Ecke bei **H**. Reiten Sie bei **E** auf den 20-Meter-Mittelzirkel.
- Bei Erreichen der Mittellinie reiten Sie einen 15-Meter-Zirkel nach rechts im Handgalopp.
- Wenn Sie die Mittellinie wieder erreichen, reiten Sie weiter auf dem halben Mittelzirkel im Außengalopp. Bei Erreichen der Mittellinie reiten Sie einen weiteren 15-Meter-Zirkel im Handgalopp.

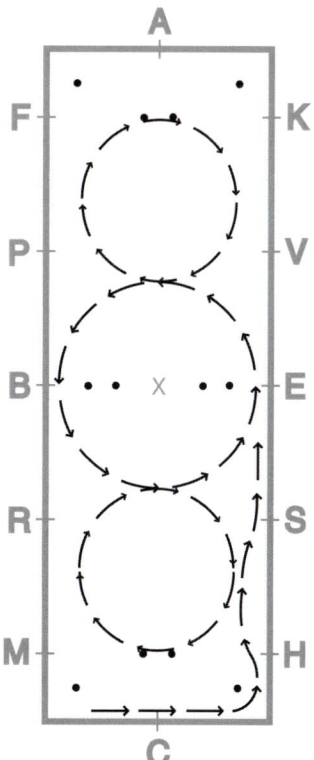

Beachten Sie

- Dass der Reiter *navigiert*.
- Dass der Reiter, wenn er mit dem Außengalopp beginnt, die Hilfen für das jeweils führende Bein mit dem äußeren Schenkel dicht am Gurt des Pferdes verstärkt.
- Dass der Reiter das Pferd im Hals bis auf eine leichte Innenstellung im Genick gerade hält.
- Trainieren Sie später den Außengalopp links, beginnend in der Ecke bei **M**.

ZWEITE STUFE, ÜBUNG 15

Außengalopp

Zweck

Die Schlangenlinien durch die ganze Bahn ohne Galoppwechsel zu üben.

Empfehlung

- Sollte sich das Pferd herausheben oder ungehorsam werden, gehen Sie zurück zu den **Übungen 12, 13** und **14**!

Beachten Sie

- Dass der Reiter *navigiert*.
- Dass das Pferd bereits zu Beginn des Trainings gerade auf die Kegel zugeritten wird. Dann versteht das Pferd besser und nimmt die Hilfen für den Außengalopp besser an.
- Dass der Reiter durch halbe Paraden das Pferd zu guter Selbsthaltung ermahnt, bevor er in den Außengalopp übergeht.

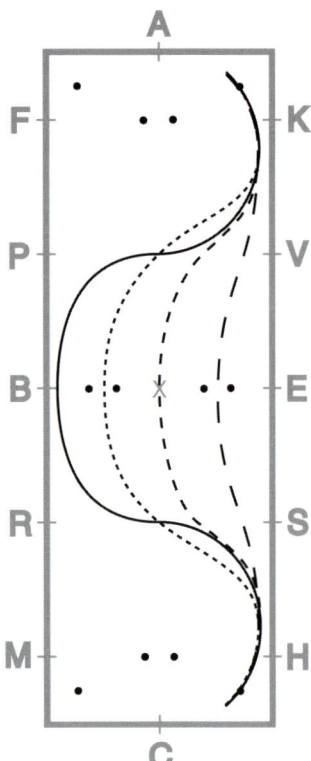

ZWEITE STUFE, ÜBUNG 16

Die halbe Hinterhandwendung

VORBEREITENDE ÜBUNG 1:
DIE VIERTELWENDUNG IM SCHRITT
UND DAS HALTEN

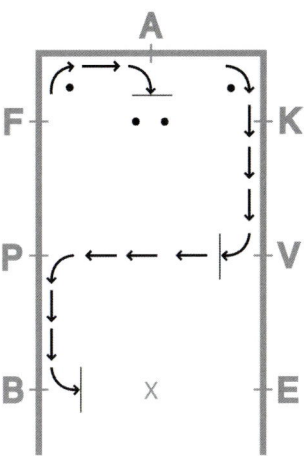

Zweck

Die halbe Hinterhandwendung Stück für Stück einzuführen.

Empfehlung

▬ Wiederholen Sie **Übung 1 der Ersten Stufe**, **die Viertel- und halbe Vorhandwendung** und **Übung 2 der Ersten Stufe**, **die Wendung auf dem Quadrat**.

Erklärung

▬ Der Reiter führt eine weiche Viertelwendung aus und hält unmittelbar danach vor dem Kegel-Tor. Dabei soll das Pferd locker und im Genick leicht nach innen gestellt bleiben. Die Zeichnung zeigt die erste Viertelwendung nach rechts bei **A** und andere Beispiele bei **V** und **B**. Nach der ersten Viertelwendung wird das Pferd zurück auf den Hufschlag gebracht und durch die Ecke bei **K** geritten, um bei **V** eine weitere Viertelwendung zu reiten. Reiten Sie nach der Wendung gerade in Richtung **P**, um bei **B** eine weitere Viertelwendung nach links anzuschließen.

Erfahrung

▬ Wenn man einen Reiter bittet, eine Viertelwendung zu reiten und danach sofort zu halten, ist seine erste Reaktion aufgrund von Nervosität oft inkorrekt. Fälschlicherweise benutzt er den äußeren Zügel, und sein äußerer Schenkel lässt das Pferd in die Wendung treten.

▬ Auf jeden Fall ist die halbe Hinterhandwendung mit einem entspannten Pferd einzuleiten, dem es erlaubt wird, die Wendung zu beginnen (siehe auch **Übung 2, Erste Stufe**), so als ob es auf die Mittellinie oder von einer Seite der Reitbahn auf die andere abwendet.

Empfehlung

- Wenn der Reiter nicht weiß, wie sich eine entspannte Viertelwendung anfühlt, lassen Sie ihn einen kleinen 5-Meter-Kreis vor der Viertelwendung reiten, damit er die Kontraktion im Brustkorb und die Reaktion auf den inneren Schenkel fühlen kann. Das sofortige Anhalten in Verbindung mit der Viertelwendung soll dem Reiter helfen, die Wichtigkeit der halben Paraden bei der halben Hinterhandwendung später zu verstehen.

Beachten Sie

- Dass der Reiter eine geschmeidige Viertelwendung ausführt, durch Annehmen und Nachgeben das Gebiss etwas bewegt und dadurch das Axis-Gelenk des Pferdes, seinen Kiefer und sein Maul losgelassen und entspannt hält.
- Dass das Pferd sofort auf die Hilfen für das Halten reagiert.
- Dass der Reiter beim Halten seine Gewichtshilfen kontrolliert, die in der Wendung oft zur falschen Seite des Pferderückens verlagert werden.

ZWEITE STUFE, ÜBUNG 17

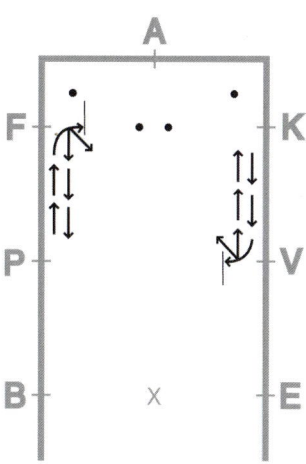

Die halbe Hinterhandwendung

VORBEREITENDE ÜBUNG 2

Zweck

Die halbe Hinterhandwendung Stück für Stück zu üben.

Empfehlung

- Wiederholen Sie **Übungen 1** und **2 der Ersten Stufe** sowie **Übung 7 der Ersten Stufe** und **Übung 16 der Zweiten Stufe**.

Erklärung

- Der Reiter führt eine geschmeidige Viertelwendung aus, gefolgt von sofortigem Halten, bei dem das Pferd locker bleiben und im Genick nach innen gestellt sein soll. Nach dem Halten vollendet der Reiter die Wendung auf dem Quadrat und reitet in der neuen Richtung im Schritt weiter.

Beachten Sie

- Dass der Reiter, indem er mit dem Gebiss spielt, das Axis-Gelenk des Pferdes sowie seinen Kiefer und sein Maul während der gesamten Vierteldrehung losgelassen und entspannt hält. Wenn der Reiter noch nicht in der Lage ist, geschmeidig eine Viertelwendung zu reiten, lassen Sie ihn einen 5-Meter-Kreis reiten, um die Wendung vorzubereiten.
- Dass das Pferd den Hilfen für das Halten folgt. Bei einigen dickköpfigen Pferden kann es ratsam sein, ein paar Tritte rückwärts zu richten, um Gehorsam zu erlangen und das Gewicht des Pferdes nach hinten zu verlagern.
- Dass der Reiter nach dem Halten die Verteilung seiner Gewichtshilfen kontrolliert. Wenn sie falsch ist, korrigiert er dies, indem er seinen äußeren Gesäßknochen zur Mitte des Sattels bewegt.
- Dass der Reiter bei der Wendung auf dem Quadrat die Schulter des Pferdes mit seinem äußeren Schenkel dicht am Gurt weichen lässt, um die Hinterbeine mehr oder weniger auf derselben Stelle zu halten.

Beobachtung

- In einigen Fällen agiert das Pferd vorschnell, fällt gegen den inneren Schenkel des Reiters, über seine innere Schulter und versucht, die Hinterhandwendung einfach allein weiterzuführen. In diesem Fall muss es angehalten und zum Stehen gebracht werden und kann, ohne dass die Position der Schenkel des Reiters oder die Biegung des Pferdes verändert wird, mit einer Kontra-Hinterhandwendung zur ursprünglichen Linie zurückgebracht werden. Dies stellt wieder Gehorsam zum inneren Schenkel her.

Bemerkung

- Wenn der Reiter seinen äußeren Schenkel nahe am Gurt einsetzt, arbeitet er als vorwärts treibende Hilfe. Denken Sie daran: „Schenkel vorn bedeutet nach vorn reiten", während „Schenkel hinten Versammlung bedeutet".
- Wenn der Reiter seinen äußeren Schenkel dicht am Gurt einsetzt, hat er auch die Initiative und kann die Tendenz des Pferdes verhindern, mit dem inneren Hinterbein stecken zu bleiben, auszuweichen oder rückwärts zu gehen.

ZWEITE STUFE, ÜBUNG 18

Die halbe Hinterhandwendung

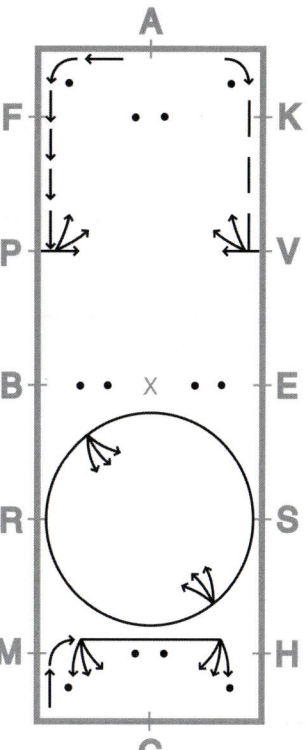

Zweck

Die halbe Hinterhandwendung zu üben und zu verbessern, wie es in den **Übungen 16** und **17 der Zweiten Stufe** vorbereitet wurde.

Erklärung

- Beginnen Sie mit der Übung an der langen Seite, wie es bei **P** und **V** gezeigt wird. Üben Sie dann weiter im Inneren der Reitbahn, z. B. zwischen **M** und **H**, wie es in vielen Prüfungen verlangt wird.
- Fahren Sie dann mit dem Üben auf einem 20-Meter-Zirkel fort, um die Hand zu wechseln, und kombinieren Sie dies gelegentlich mit dem Angaloppieren im Handgalopp oder Außengalopp.

Beachten Sie

- Dass die Einführung in die halbe Hinterhandwendung eine Viertelwendung ist. Die Hilfen erlauben dem Pferd zu wenden.
- Dass der Reiter nach der Viertelwendung halbe Paraden durchführt.
- Dass der Reiter während der halben Paraden seine Gewichtshilfen kontrolliert, indem er seinen äußeren Gesäßknochen zur Mitte des Sattels bewegt.
- Dass der Reiter nach den halben Paraden sein inneres Handgelenk öffnet und das Pferd so in Kombination mit dem äußeren Schenkel in die restliche Wendung gehen lässt.
- Dass der Reiter vorwärts denkt.
- Dass der Reiter es vermeidet, auf der inneren Seite nach unten zu sehen, weil dies normalerweise zu einem Einknicken in der Hüfte führt und es ihm so unmöglich ist, sein Gewicht während der gesamten Wendung innen zu halten.

KAPITEL

5

ÜBUNGEN DER DRITTEN STUFE

DRITTE STUFE:
HÖHERER GRAD DER VERSAMMLUNG

Die Figuren dieser Stufe sind der fliegende Wechsel und die Traversale.

KAPITEL 5

DRITTE STUFE, ÜBUNG 1

Die Traversale
WIE IN PRÜFUNGEN DER KLASSE M

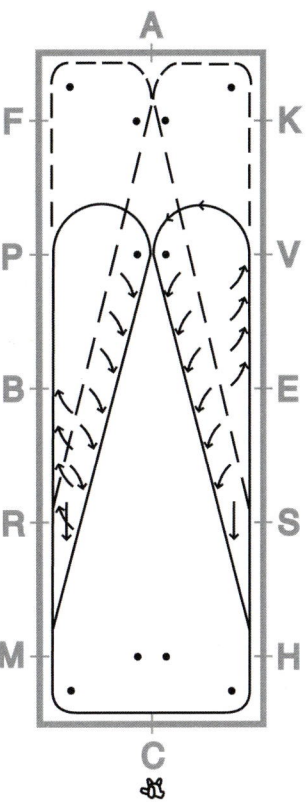

Zweck

Die Traversale für die Turnierteilnahme zu trainieren, beginnend aus einem halben Kreisbogen heraus.

Erklärung

- Reiten Sie eine halbe 10-Meter-Volte nach rechts von **P** nach **L**. Von **L** nach **M** reiten Sie eine Traversale nach rechts. Folgen Sie dem Hufschlag von **M** über **H** bis **V**.
- Reiten Sie eine halbe 10-Meter-Volte nach links von **V** nach **L**. Von **L** nach **H** Traversale nach links.

Hinweis: Die gestrichelte Linie in der Zeichnung beschreibt eine Übungs-Alternative des dritten Niveaus.

Rat

1. Stellen Sie bei **L** zwei Kegel mit vier Meter Abstand zu einem Tor zusammen, um den Beginn der Traversale anzuzeigen.
2. Lassen Sie den Reiter an der langen Seite für ein kurzes Stück Travers reiten, bevor er bei **V** oder **P** (oder bei **F** oder **K**) die halbe Volte beginnt, damit er das Gefühl des „Schneepflugs" erlangen kann.

Beachten Sie

- Dass der Reiter bei **V** oder **P** für die Linie **L** nach **M** bzw. **L** nach **H** zu navigieren beginnt.
- Dass Reiter und Pferd denselben Fokuspunkt – das *Ende* der Linie – haben, wenn sie die Traversale beginnen.
- Dass der Reiter den Halbkreis beendet und das Pferd gerade und mit Schwung auf die Diagonale bringt, bevor er die Hilfen für die Traversale einsetzt. So kann er vermeiden, dass die Hinterhand vorausgeht – ein schwerwiegender Fehler.
- Dass der Reiter die Vorderbeine des Pferdes auf der Diagonalen hält. Nicht die kleinste Abweichung sollte toleriert werden.

- Dass der Reiter, sobald die Qualität der Traversale abnimmt, entweder zum Schenkelweichen übergeht, um den Wunsch des Pferdes zu stärken, mit Leichtigkeit und Eleganz vorwärts und seitwärts zu gehen oder die Hilfen für ein paar Tritte Schulterherein gibt. Wenn der Reiter nach rechts traversiert, ist er bereit, die Hilfen für Schulterherein nach rechts zu geben, insofern ist dies eine gute Gedächtnisstütze für das Pferd!
- Dass der Reiter, wenn er sich dem Ende der Linie (dem Ziel) nähert, die Traversale immer mit einigen gerade richtenden und ermutigenden Tritten Schenkelweichen im Arbeitstrab unterbricht.

Bemerkung

- Beim Reiten von Travers oder Traversalen sollte die Blesse oder der Stern des Pferdes auf den Hufschlag gerichtet sein. Man kann sich vorstellen, dass die Pferde die Helmlampe eines Minenarbeiters am Stirnband haben!

DRITTE STUFE: HÖHERER GRAD DER VERSAMMLUNG

DRITTE STUFE, ÜBUNG 2

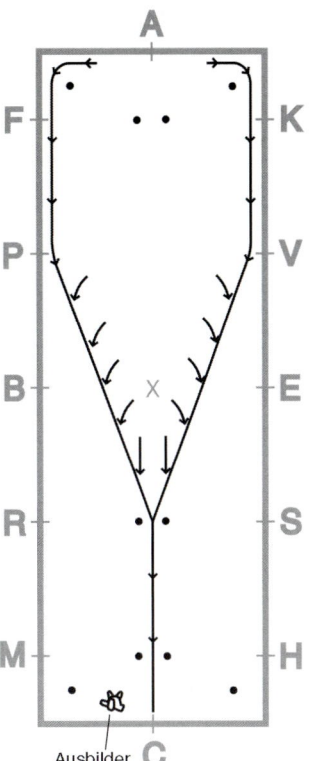

Die Traversale im Trab
WIE IN PRÜFUNGEN DER KLASSE M.

Zweck

Die Traversale zu üben, indem man diagonal vom Hufschlag der langen Seite aus beginnt, so wie es in einer Prüfungsaufgabe verlangt wird.

Erklärung

- Beginnen Sie auf dem Hufschlag bei **K** auf der rechten bzw. bei **F** auf der linken Hand, und reiten Sie eine Traversale nach links von **P** nach **I** oder nach rechts von **V** nach **I**.

Rat

- Stellen Sie zwei Kegel mit 4 Metern Abstand bei **I** auf.

Beachten Sie

- Dass der Reiter -früh! – bereits in der Ecke bei **K** oder **F** beginnt, die Linien **V** nach **I** oder **P** nach **I** anzuvisieren.
- Dass der Reiter das Pferd mit gutem Schwung auf die Diagonale führt, *bevor* er die Hilfen für die Traversale gibt. Auf diese Weise verhindert er, dass die Hinterhand vorausgeht – ein schwerwiegender Fehler.
- Dass der Reiter sicherstellt, dass das Pferd sich nicht verwirft.
- Dass der Reiter seinen inneren Schenkel aktiv wie einen Hammer dicht am Gurt einsetzt, um das Pferd der Linie folgen zu lassen und die innere Seite seines Brustkorbs zu verkürzen.
- Dass der Reiter das Pferd auf „der Linie" hält. Es sollte keine Abweichung toleriert werden.
- Dass der Reiter, sobald die Qualität der Traversale nachlässt, entweder zum Schenkelweichen übergeht, um den Wunsch des Pferdes zu stärken, mit Leichtigkeit und Eleganz vorwärts zu gehen oder die Hilfen für ein paar Tritte Schulterherein gibt.
- Wenn der Reiter nach rechts traversiert, ist er bereit, die Hilfen für Schulterherein nach rechts zu geben – eine gute Gedächtnisstütze für das Pferd!
- Dass der Reiter, wenn er sich dem Ende der Linie, dem Ziel nähert, die Traversale immer mit einigen gerade richtenden und ermutigenden Tritten Schenkelweichen im Arbeitstrab unterbricht.

DRITTE STUFE

Der fliegende Galoppwechsel

Vorbereitende Übungen

1. Viel Außengalopp.
2. Viele einfache Galoppwechsel.
3. Regelmäßiges Trainieren der **Übungen 12 der Zweiten Stufe** (Außengalopp an den langen Seiten mit Übergang zum Trab vor den Ecken) und **14 der Zweiten Stufe** (Außengalopp auf dem halben 20-Meter-Mittelzirkel, kombiniert mit ermunternden 15-Meter-Zirkeln im Handgalopp auf der Mittellinie).
4. Jeden Tag ca. 20 Minuten Galopp ohne Steigbügel reiten.

Die häufigsten Fehler

1. Heruntersehen, als ob man hofft, den fliegenden Wechsel auf dem Boden zu finden!
2. Schwierigkeiten in der Verlagerung der Gewichtshilfen von der einen zur anderen Seite des Pferderückens, vor allem wenn der Reiter nach unten sieht!
3. Zu aggressiv und überfallend mit den Schenkelhilfen sein.
4. In den Steigbügeln stehen!

Meine Empfehlungen

1. Trainieren Sie die fliegenden Wechsel ohne Steigbügel. Ich habe in der ganzen Welt noch keinen Reiter getroffen, der nicht versucht, seinen Allerwertesten zu schützen!
2. Tragen Sie die Gerte in der neuen inneren Hand.
3. Geben Sie die Hilfen für den fliegenden Wechsel sehr deutlich und vorsichtig, sodass das Pferd sie verstehen kann.
4. Geben Sie die Hilfen drei Sprünge hindurch, was hier für den fliegenden Wechsel vom Rechts- in den Linksgalopp beschrieben wird.

- *Beim ersten Sprung* unterstützt der Reiter den Vorwärtsdrang des Pferdes durch erhöhte Einwirkung mit dem äußeren (linken) Schenkel und etwas stärkeren Kontakt am äußeren (linken) Zügel.

- *Beim zweiten Sprung* bewegt der Reiter – während er seine Augen auf den Fokuspunkt am Horizont gerichtet hält – seine Schenkel in Position für die neue führende Seite. Der rechte Schenkel liegt dicht hinter dem Gurt. Der linke Schenkel liegt am Gurt. Gleichzeitig hält der Reiter einen guten Kontakt über den linken Zügel.

DRITTE STUFE: HÖHERER GRAD DER VERSAMMLUNG

- *Beim dritten Sprung* gibt der Reiter – während er seine Augen immer noch auf den Fokuspunkt am Horizont gerichtet hält – mit dem rechten Unterschenkel das Signal für den Wechsel und pariert am rechten (dem neuen äußeren) Zügel. *Im selben Augenblick* verlagert der Reiter sein Gewicht von rechts nach links (den rechten Gesäßknochen in Richtung Sattelmitte). Am linken Zügel (dem neuen inneren) wird nachgegeben und dem Pferd gestattet, das linke Vorderbein nach vorn zu bewegen.

5. Wenn Sie mit dem Üben von fliegenden Galoppwechseln beginnen, machen Sie täglich nur ein oder zwei erfolgreiche Wechsel in beide Richtungen, um Vorwegnahmen oder unnötigen Stress beim Pferd zu vermeiden.
6. Üben Sie die fliegenden Wechsel am Anfang jeden Tag an derselben Stelle. Wenn das Pferd beginnt zu antizipieren, ist es Zeit, einen neuen Ort zu wählen.
7. Halten Sie so rasch wie möglich nach jedem Versuch – erfolgreich oder nicht – und belohnen Sie das Pferd, um es für den nächsten Versuch zu entspannen. Schaffen Sie Vertrauen! Dieses Vertrauen ist wichtig für die Qualität des einzelnen fliegenden Wechsels und wird später noch wichtiger für die Ausführung der mehrfachen Wechsel.

DRITTE STUFE, ÜBUNG 3

Der fliegende Galoppwechsel
ÜBUNG 1 IN DER FOLGE

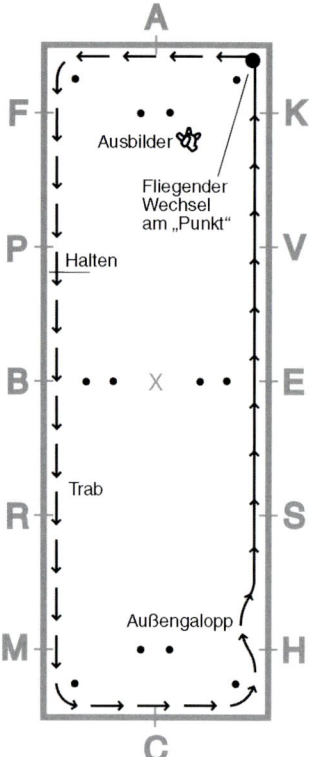

Zweck

Einen einzelnen fliegenden Galoppwechsel in einer Ecke der Reitbahn auszuführen.

Erklärung

- Reiten Sie im Trab auf der linken Hand bei **M** vorbei. Nach der Ecke bei **H** galoppieren Sie im Außengalopp (Rechtsgalopp) an. Tief in der Ecke bei **K** führen Sie den fliegenden Wechsel durch.
- Bereiten Sie ein Halt zwischen **F** und **B** vor. Sobald das Pferd steht, belohnen Sie es und lassen Sie es sich entspannen. Fahren Sie nach dem Halt im Trab fort und wiederholen gegebenenfalls die Übung.

Beachten Sie

- Dass der Reiter diese Übung ohne Steigbügel ausführt.
- Dass der Reiter es vermeidet, die gängigen, auf der vorangegangenen Seite beschriebenen Fehler zu machen.
- Dass der für den fliegenden Wechsel ausgewählte Ort – die tiefe Ecke – das Pferd in eine Situation bringt, in der es für ihn sehr natürlich ist, den Galopp zu wechseln. In dieser Übung hat das Pferd eine Bande rechts von sich und eine Bande vor sich.
- Dass der Reiter die Hilfen für den fliegenden Wechsel drei Sprünge hindurch gibt, um sich für das Pferd sehr deutlich und verständlich auszudrücken. Sehen Sie sich noch einmal die vorangegangene Beschreibung an.
- Dass der Reiter seine Gerte in seiner inneren, in diesem Fall der rechten, Hand hält.
- Dass der Reiter, falls das Pferd faul ist oder in den letzten Versuchen spät reagiert hat, beim dritten Sprung seine Gerte als Ermahnung vorsichtig an der Flanke des Pferdes einsetzt.

DRITTE STUFE, ÜBUNG 4

Der fliegende Galoppwechsel
ÜBUNG 2 IN DER FOLGE

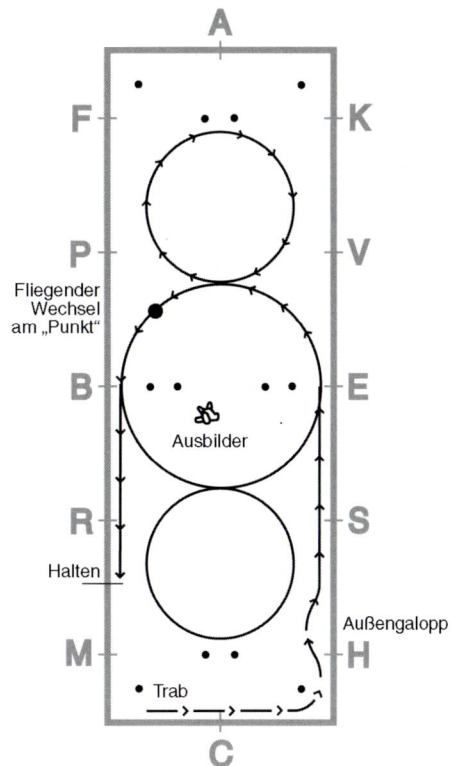

Zweck

Den fliegenden Wechsel nach einem Zirkel im Handgalopp auszuführen, indem man auf einen anderen Zirkel in den Außengalopp wechselt.

Erklärung

- Wiederholen Sie **Übung 14 der Zweiten Stufe**.
- Beginnen Sie den Außengalopp (Rechtsgalopp) bei **H**. Bei **E** reiten Sie für eine Viertelrunde auf den Mittelzirkel.
- Auf der Mittellinie wechseln Sie auf einen erfrischenden 15-Meter-Zirkel nach rechts im Handgalopp. Wenn Sie die Mittellinie wieder erreichen, folgen Sie dem Mittelzirkel im Außengalopp und bereiten Sie den fliegenden Wechsel vor.
- Reiten Sie den fliegenden Wechsel auf der Viertellinie in Richtung **B**. Bereiten Sie ein Halt an der langen Seite zwischen **B** und **M** vor. Nach dem Halten fahren Sie im Trab fort und wiederholen gegebenenfalls die Übung.

Beachten Sie

- Dass der Reiter die Übung ohne Steigbügel ausführt.
- Dass der Reiter es vermeidet, die vor **Übung 3 der Dritten Stufe** beschriebenen Fehler zu machen.
- Dass der für den fliegenden Wechsel ausgesuchte Ort eine sehr natürliche Situation für einen Galoppwechsel darstellt. Das Pferd macht den fliegenden Wechsel vom Außengalopp zum Handgalopp vor einer Bande, die wie ein Amboss wirkt und das Pferd dazu bringt, die Hilfen des Reiters zu berücksichtigen und zu übersetzen.
- Dass der Reiter, um sich dem Pferd gegenüber sehr klar und verständlich auszudrücken, die Hilfen für den fliegenden Wechsel drei Sprünge hindurch gibt. Wiederholen Sie noch einmal **Übung 3 der Dritten Stufe**.
- Dass der Reiter seine Gerte in der inneren Hand hält.
- Dass der Reiter, falls das Pferd faul ist oder in den letzten Versuchen spät reagiert hat, beim dritten Sprung seine Gerte als Ermahnung vorsichtig an der Flanke des Pferdes einsetzt.

DRITTE STUFE, ÜBUNG 5

Der fliegende Galoppwechsel
ÜBUNG 3 IN DER FOLGE

Zweck

Einen weiteren Platz in der Reitbahn zu beschreiben, der für einen fliegenden Wechsel geeignet ist.

Erklärung

- Wiederholen Sie **Übung 6 der Ersten Stufe**.
- Beginnen Sie bei **C** im versammelten Galopp auf der rechten Hand. Reiten Sie eine Traversale nach rechts zwischen **M** und dem Kegeltor auf der Viertellinie zwischen **X** und **E**. Wenn Sie sich dem Tor nähern, bereiten Sie den fliegenden Wechsel zwischen den Kegeln vor. Nach dem Wechsel wenden Sie sofort nach links auf einen halben 15-Meter-Zirkel in Richtung **B** ab. Bereiten Sie an der langen Seite ein Halt zwischen **B** und **M** vor. Nach dem Halten gehen Sie in versammelten Linksgalopp über.
- Zwischen **H** und dem Kegeltor reiten Sie eine Traversale nach links auf der Viertellinie zwischen **X** und **B**. Wenn Sie sich dem Tor nähern, bereiten Sie einen Galoppwechsel zwischen den Kegeln vor. Nach dem Wechsel wenden Sie sofort nach rechts auf einen halben 15-Meter-Zirkel in Richtung **E** ab. Bereiten Sie an der langen Seite ein Halt zwischen **E** und **H** vor. Nach dem Halten gehen Sie in versammelten Rechtsgalopp über und wiederholen gegebenenfalls die Übung.

Beachten Sie

- Dass der Reiter die Übung ohne Steigbügel ausführt.
- Dass der Reiter es vermeidet, die vor **Übung 3 der Dritten Stufe** beschriebenen Fehler zu machen.
- Dass der Reiter, um sich dem Pferd gegenüber sehr klar und verständlich auszudrücken, die Hilfen für den fliegenden Wechsel drei Sprünge hindurch gibt. Wiederholen Sie noch einmal **Übung 3 der Dritten Stufe**.
- Dass der Reiter seine Gerte in seiner inneren Hand hält.
- Dass der Reiter, falls das Pferd faul ist oder in den letzten Versuchen spät reagiert hat, beim dritten Sprung seine Gerte als Ermahnung vorsichtig an der Flanke des Pferdes einsetzt.
- Dass der Reiter sich zwischen den zwei Kegeln einen kleinen Sprung oder ein Cavaletti vorstellt – den er bereit ist, in Kombination mit dem fliegenden Wechsel und der unmittelbar folgenden Wendung zu springen.

DRITTE STUFE, ÜBUNG 6

Der fliegende Galoppwechsel
ÜBUNG 4 IN DER FOLGE

Zweck

Einen weiteren Platz in der Reitbahn anzubieten, der für einen fliegenden Wechsel geeignet ist.

Erklärung

- Beginnen Sie bei **C** in versammeltem Rechtsgalopp in Richtung **B**. Bei **B** reiten Sie einen halben 15-Meter-Zirkel nach rechts und durch das Kegel-Tor auf der Viertellinie zwischen **X** und **E**.
- Reiten Sie eine Traversale nach rechts auf der Diagonalen Richtung **M**. Ab **M** reiten Sie geradeaus und vollziehen den Wechsel in der Ecke, wo das Pferd gut durch die Banden eingerahmt ist. Vergleichen Sie **Übung 4, Dritte Stufe**. Bereiten Sie das Halten an der kurzen Seite bei **C** vor.
- Beim Halten belohnen Sie das Pferd und lassen es entspannen. Nach dem Halten reiten Sie in versammeltem Linksgalopp in Richtung **E** weiter und wiederholen den Halbzirkel nach links, die Traversale nach links und den fliegenden Galoppwechsel in der Ecke bei **H**.
- Bereiten Sie das Halten an der kurzen Seite bei **C** vor. Nach dem Halten reiten Sie in versammeltem Rechtsgalopp weiter und wiederholen die Übung.

Beachten Sie

- Dass der Reiter die Übung ohne Steigbügel ausführt.
- Dass der Reiter navigiert und die üblichen Fehler vermeidet, wie vor **Übung 3, Dritte Stufe** beschrieben.
- Dass der für den fliegenden Wechsel ausgesuchte Ort eine sehr natürliche Situation für einen Galoppwechsel darstellt. Das Pferd ist von den Banden gut eingerahmt.
- Dass der Reiter, wenn er sich der Ecke bei **M** oder **H** nähert, daran denkt, wie ein Schiff am Pier im Hafen anzulegen. Versuchen Sie jedoch, die Vorhand einen knappen Meter vom Hufschlag entfernt zu halten.

Bemerkung

- Dieser Gedanke oder dieses Bild kann dem Reiter verstehen helfen, wie er einen geraden und klaren Wechsel vorbereiten kann.

KAPITEL 5

DRITTE STUFE, ÜBUNG 7

Der fliegende Galoppwechsel
ÜBUNG 5 IN DER FOLGE

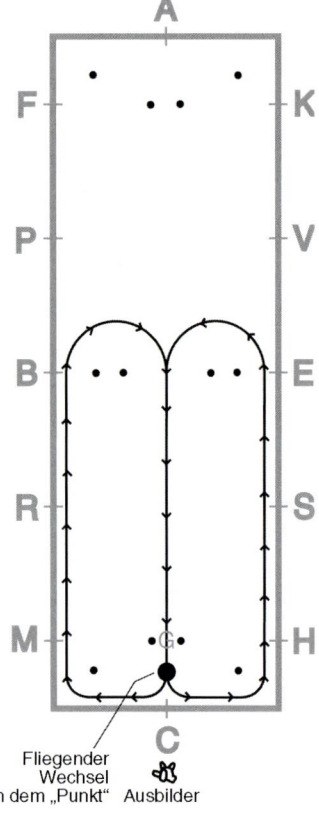

Zweck

Einen neuen Platz in der Reitbahn auszuwählen, den fliegenden Wechsel zu üben.

Erklärung

- Beginnen Sie bei **H** im Linksgalopp. Bei **E** reiten Sie eine halbe 10-Meter-Volte nach links. Bei **X** galoppieren Sie die Mittellinie herunter. Bereiten Sie den fliegenden Wechsel nach rechts zwischen **G** und **C** vor. Nach dem Wechsel bereiten Sie das Halten an der langen Seite zwischen **M** und **B** vor, halten Sie und belohnen das Pferd.
- Nach dem Halten wechseln Sie entweder die Hand und wiederholen die Übung von **H** aus, oder Sie beginnen noch einmal von **M** aus, diesmal im Rechtsgalopp. Bei **B** reiten Sie eine halbe 10-Meter-Volte nach rechts und wenden auf die Mittellinie ab. Auf der Mittellinie bereiten Sie den fliegenden Wechsel nach links zwischen **G** und **C** vor.
- Nach dem Wechsel bereiten Sie ein Halt an der langen Seite zwischen **H** und **E** vor, halten Sie und belohnen das Pferd.

Fliegender Wechsel an dem „Punkt"    Ausbilder

Beachten Sie

- Dass der Reiter diese Übung ohne Steigbügel ausführt.
- Dass der Reiter die vor **Übung 3 der Dritten Stufe** aufgeführten Fehler vermeidet.
- Dass der Reiter, um sich dem Pferd gegenüber sehr klar und verständlich auszudrücken, die Hilfen für den fliegenden Wechsel drei Sprünge hindurch gibt. Wiederholen Sie noch einmal **Übung 3 der Dritten Stufe**.
- Dass der Reiter seine Gerte in seiner inneren Hand hält.
- Dass der Reiter, falls das Pferd faul ist oder in den letzten Versuchen spät reagiert hat, beim dritten Sprung seine Gerte als Ermahnung vorsichtig an der Flanke des Pferdes einsetzt.
- Dass der für den Wechsel gewählte Ort das Pferd in eine Situation bringt, wo es den Wechsel ohne Alternativen, wie z.B. Davonrennen, ausführen wird.

DRITTE STUFE: HÖHERER GRAD DER VERSAMMLUNG

DRITTE STUFE, ÜBUNG 8

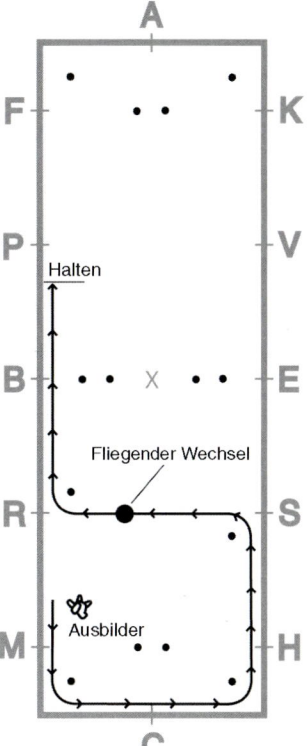

Der fliegende Galoppwechsel
ÜBUNG 6 IN DER FOLGE

Zweck

Ein weiterer neuer Platz in der Reitbahn für das Üben des fliegenden Wechsels.

Erklärung

- Beginnen Sie im Linksgalopp von **M** nach **H**. Bei **H** bereiten Sie das Abwenden nach links bei **S** um einen Kegel herum vor. Reiten Sie weiter in Richtung **R** und führen Sie einen fliegenden Wechsel in den Rechtsgalopp aus. Nach dem Wechsel reiten Sie gerade weiter und wenden vorsichtig um den Kegel herum. Halten Sie an der langen Seite und belohnen das Pferd.
- Üben Sie den fliegenden Wechsel später vom Rechts- in den Linksgalopp zwischen **P** und **V**.

Beachten Sie

- Dass der Reiter navigiert.
- Dass der Reiter sein Pferd sorgfältig mit halben Paraden für einen fliegenden Wechsel vorbereitet, bevor er bei **S** links um den Kegel herum abwendet.
- Dass der Reiter sich, wenn er auf **R** zureitet, zwischen der Mittellinie und **R** ein Cavaletti vorstellt, das er bestimmt anreitet und überspringt.
- Dass der Reiter die vier vor **Übung 3 der Dritten Stufe** aufgeführten Fehler beim fliegenden Wechsel vermeidet.
- Dass der Reiter nach dem Wechsel geradeaus reitet und um den Kegel herum abwendet.
- Dass der Reiter das Pferd, wenn es hektisch wird und versucht, die Wendung abzukürzen, entschieden vor **R** anhält.

Bemerkung

- Wenn der Reiter Schlangenlinien durch die ganze Bahn mit drei Bögen und jeweiligem Galoppwechsel auf der Mittellinie reiten soll, ohne diese **Übung 8** richtig trainiert zu haben, wird das Pferd – clever wie die Pferde sind – seine eigene Linienführung wählen, die Wendungen abkürzen und ohne Disziplin unter dem Reiter davonrennen.

- Ich habe viele sensible, nervöse und heiße Pferde trainiert, die vor der Bande zum Stehen gebracht werden mussten. Dort müssen sie beruhigt und entspannt werden, bevor die Übung wiederholt wird. *Schaffen Sie Vertrauen!* Mit Geduld und Wiederholung lernen sie die Übung, und machen ihre Wechsel durchlässig und ohne Stress.
- Durch das Trainieren der **Übungen 3-8** ohne Steigbügel sollte der Reiter die Fähigkeit entwickelt haben, tief im Sattel zu sitzen, wenn er die **Übung 8** angeht. Der Reiter sollte das Gefühl haben, *„im" Pferd statt „auf" dem Pferd* zu sitzen. Es ist nötig und wichtig, dieses Gefühl vom „im Pferd sitzen" zu haben, bevor der Reiter vorbereitet, reif und ausgebildet genug ist, mit dem Training der mehrfachen Wechsel in der Vierten Stufe zu beginnen.

KAPITEL

ÜBUNGEN DER VIERTEN STUFE

6

VIERTE STUFE:
ERHÖHTER GRAD DER VERSAMMLUNG

Die Lektionen sind Richtungswechsel in den Traversalen, Viertel- und halbe Pirouetten im Galopp und Galoppwechsel nach jedem 4. und 3. Sprung.

KAPITEL 6

VIERTE STUFE, ÜBUNG 1

Richtungswechsel in der Traversale im Trab
WIE IN PRÜFUNGEN DER KLASSE M
„DIE SCHLEIFE"

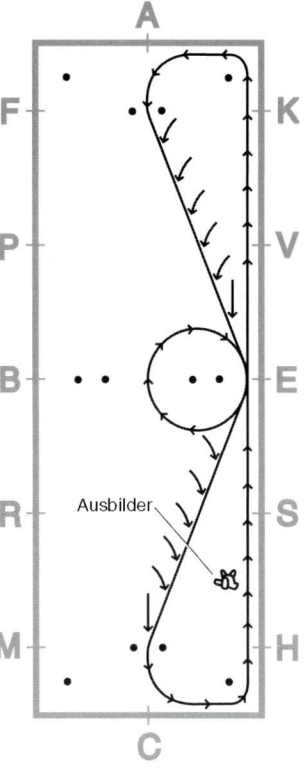

Zweck

Den Gehorsam des Pferdes und seine seitliche Beweglichkeit zu trainieren und den Richtungswechsel in der Traversale zu vereinfachen.

Erklärung

- Wiederholen Sie die **Übung 11 der Zweiten Stufe**.
- Beginnen Sie im Trab bei **V**. Bei **K** reiten Sie eine halbe 10-Meter-Volte nach links. Von **D** nach **E** reiten Sie eine Traversale nach links. Bei **E** reiten Sie eine 10-Meter-Volte nach rechts. Nach der Volte Travers nach rechts von **E** in Richtung **G**. Bei **G** reiten Sie eine halbe 10-Meter-Volte nach links. Von **H** über **E** nach **K** traben Sie leicht.
- Bei **K** wiederholen Sie die Übung.
- *Variation 1:* Führen Sie die Übung in der entgegengesetzten Richtung aus.
- *Variation 2:* Führen Sie die Übung in beide Richtungen ohne die 10-Meter-Volte bei **E** aus.

Beachten Sie

- Dass der Reiter *navigiert*.
- Dass der Reiter das Pferd mit gutem Schwung auf die Linie von **D** nach **E** gehen lässt, bevor er die Hilfen für die Traversale anwendet.
- Dass der Reiter seinen inneren Schenkel (den Hammer) wirkungsvoll einsetzt, um die Kontraktion des inneren Brustkorbs des Pferdes aufrecht zu erhalten und es auf der Linie zu halten.
- Dass der Reiter, wenn er sich **E** nähert, die Traversale für einige Tritte Schenkelweichen unterbricht, um das Pferd so auf die 10-Meter-Volte nach rechts vorzubereiten.
- Dass der Reiter das Pferd nach der Volte mit gutem Schwung auf die Linie von **E** nach **G** gehen lässt, bevor die Hilfen für die Traversale angewandt werden.
- Dass der Reiter die Traversale für einige Tritte Schenkelweichen unterbricht, um das Pferd so auf die halbe 10-Meter-Volte nach links bei **G** vorzubereiten.

VIERTE STUFE, ÜBUNG 2

Richtungswechsel in der Traversale im Trab
„DIE SLALOM-STRECKE"

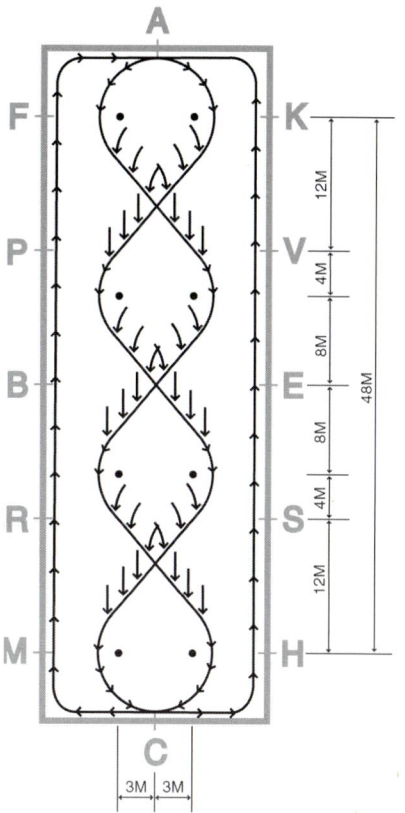

Zweck

Das delikate Problem des Richtungswechsels in der Traversale mit einer unterhaltsamen und Spaß machenden Zick-Zack-Übung zu vereinfachen.

Erklärung

- Beginnen Sie bei **V** im versammelten Trab. Bei **K** fangen Sie einen halben 15-Meter-Zirkel nach links an, und sobald Sie außen an den 2 Kegeln (rechts und links von **D**) vorbeigeritten sind, traversieren Sie nach links. Der Fokuspunkt ist **E**. Auf der Mittellinie beginnen Sie mit Schenkelweichen nach links und bereiten die Wendung um den nächsten Kegel vor.
- Beachten Sie gleichzeitig den 2. Fokuspunkt bei **R**. Nach der Wendung Traversale nach rechts. Auf der Mittellinie beginnen Sie mit Schenkelweichen und bereiten die Wendung um den nächsten Kegel vor.
- Beachten Sie gleichzeitig den 3. Fokuspunkt, die Reitbahn-Ecke. Nach der Wendung traversieren Sie nach links. Auf der Mittellinie beginnen Sie mit Schenkelweichen nach links und bereiten die Wendung um den nächsten Kegel auf einen halben 15-Meter-Zirkel nach rechts in Richtung Ecke bei **M** vor.
- Bei **M** folgen Sie dem Hufschlag auf der langen Seite nach **F** im Leichttraben. Bei **F** beginnen Sie einen halben 15-Meter-Zirkel nach rechts und reiten dabei in versammeltem Trab, aussitzend, außerhalb der 2 Kegel um **D** herum. Wiederholen Sie die Übung mit der Traversale nach rechts, jetzt jedoch mit anderen Fokuspunkten: der 1. ist **B**, der 2. **S** und der 3. die **Ecke** der Reitbahn.

Beachten Sie

- Dass der Reiter auf die Fokuspunkte sieht (navigiert), wenn er das Pferd abwendet.
- Dass der Reiter die Traversale genau auf der Mittellinie unterbricht, dass er dem Pferd Gelegenheit gibt, während des Schenkelweichens ohne Längsbiegung zu sein und dass er ihm Zeit gibt, einen eleganten Stemmbogen um den Kegel herum in die nächste Traversale zu machen.
- Dass der Reiter, wenn er die Technik und die Fähigkeit erlangt hat, in der Lage sein sollte, die gesamte Übung durchzureiten, ohne auch nur für einen Tritt nach unten zu sehen.

Bemerkung

- Reiter, die mit der Skiabfahrt vertraut sind, verstehen, wie die hinteren Ski-Enden einen Stemmbogen ausführen müssen, um die Richtung zu wechseln. In ähnlicher Art und Weise hält der Reiter auf dem Pferd den äußeren Schenkel hinter dem Gurt und setzt ihn immer mehr ein, bis die Hinterhand des Pferdes und der gesamte Körper in die neue Richtung gewendet haben.
- Ein anderer Vergleich: Der äußere Schenkel arbeitet wie ein Schleppkahn, der ein großes Schiff am Heck anschiebt und so seine Richtung ändert.
- Ermutigen Sie den Reiter mit Bemerkungen wie: „Konzentrieren Sie sich darauf, C so elegant wie möglich zu erreichen." Oder „Tanzen Sie mit Ihrem Pferd." Oder „Schauen Sie versnobt drein."
- Diese Übung kann sogar in der Ersten Stufe als Training für das Schenkelweichen genutzt werden.
- Bei der Zweiten und Dritten Stufe ist die Übung von Nutzen, wenn die Hilfen für die Traversale vorgestellt wurden und sowohl Pferd als auch Reiter bereit dafür sind.

VIERTE STUFE, ÜBUNG 3

Richtungswechsel in der Traversale im Trab
WIE IN PRÜFUNGEN DER KLASSE M

Zweck

Diese spezielle Bewegung, die in Klasse M verlangt wird, zu üben.

Erklärung

- Beginnen Sie bei **F** in versammeltem Trab auf der rechten Hand. Bei **K** gehen Sie auf die Diagonale und reiten eine Traversale nach rechts. Der Fokuspunkt ist **M**. Der Richtungswechsel erfolgt bei **X**.
- Bei **X** gehen Sie auf die Diagonale von **X** nach **H** und reiten eine Traversale nach links. Der Fokuspunkt ist **H**.

Beachten Sie

- Dass der Reiter sorgfältig durch die Ecke bei **K** reitet und das Pferd mit gutem Schwung auf die Diagonale gehen lässt, bevor die Hilfen für die Traversale eingesetzt werden.
- Dass der Reiter navigiert und dass er und sein Pferd denselben Fokuspunkt bei **M** haben.
- Dass der Reiter seinen inneren (rechten) Schenkel am Gurt einsetzt, um das Pferd auf der Linie zu halten und die Längsbiegung des Pferdes aufrecht zu erhalten.
- Dass der Reiter, wenn er sich **X** nähert, die Traversale mit einigen Tritten Schenkelweichen weg vom linken Schenkel unterbricht, um das Pferd gerade zu richten und es zu ermutigen, sich weiter in die neue Richtung von **X** nach **H** zu bewegen.
- Dass der Reiter, wenn er mit dem Schenkelweichen beginnt, navigiert, indem er den neuen Fokuspunkt **H** nutzt.
- Dass das Pferd denselben Fokuspunkt bei **H** anvisiert wie der Reiter, bevor die Hilfen für die neue Traversale nach links eingesetzt werden.

Bemerkung

- Richter geben für jede ausgeführte Traversale einen Punkt. Die zwei Traversalen sind auf die Prüfung bezogen zwei verschiedene Übungen. Daher ist es wichtig für den Reiter, den Richtungswechsel in der Traversale sorgfältig vorzubereiten und jeglichen verloren gegangenen Vorwärtsdrang oder Schwung zurückzubekommen, bevor die zweite Traversale von **X** nach **H** geritten wird.
- Dass der Reiter, wenn er die zweite Traversale in Richtung **H** beendet hat, einige Tritte Schenkelweichen weg vom rechten Schenkel reitet, um das Pferd gerade zu richten und es zu ermutigen, in Selbsthaltung durch die Ecke bei **H** zu gehen.

VIERTE STUFE, ÜBUNG 4

Die Traversale im Galopp

Zweck

Seitengänge im Galopp zu üben.

Erklärung

- Beginnen Sie bei **A** im Rechtsgalopp, und reiten Sie eine Traversale nach rechts von **K** nach **X**. Bei **X** reiten Sie eine halbe 10-Meter-Volte nach rechts mit Vorwärtstendenz und folgen der langen Seite von **B** nach **F**. Wiederholen Sie die Übung dreimal.
- Bei der dritten Wiederholung der Traversale nach rechts reiten Sie einen fliegenden Wechsel bei **X** und schließen unmittelbar daran eine halbe 10-Meter-Volte nach links in Richtung **E** an. Folgen Sie der langen Seite von **E** nach **K**, und reiten Sie dreimal eine Traversale nach links zwischen **F** und **X**.
- Bei der dritten Wiederholung der Traversale nach links reiten Sie einen fliegenden Wechsel bei **X** und schließen unmittelbar daran eine halbe 10-Meter-Volte nach rechts in Richtung **B** an.

Beachten Sie

- Dass der Reiter navigiert.
- Dass der Reiter mit gutem Schwung auf die Diagonale kommt.
- Dass Reiter und Pferd denselben Fokuspunkt bei **M** bzw. **H** haben, bevor die Hilfen für die Traversalen gegeben werden.
- Dass der Reiter seinen inneren Schenkel aktiv am Gurt einsetzt.
- Dass der Reiter, falls das Pferd nicht von sich aus übertritt oder sich im Hals verwirft, es für einige Sprünge den äußeren Schenkel weichen lässt und es dabei im Hals gerade hält. Gleichzeitig setzt er die Gerte entschieden an der äußeren Flanke ein, um das Pferd an Disziplin und Ordnung zu erinnern.

Bemerkung

- Wird diese Übung dreimal in dieselbe Richtung geritten, verstehen der Reiter und das Pferd sie und verbessern sich in deren Verlauf, während sie dem Rat und den Anweisungen des Ausbilders folgen.

VIERTE STUFE, ÜBUNG 5

Die Galopp-Pirouette
VORBEREITENDE ÜBUNG 1

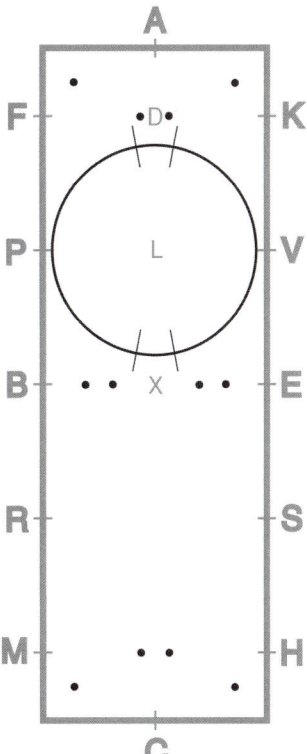

Zweck

Gutes Vertrauen für den hoch versammelten Galopp auf der Stelle zu schaffen.

Erklärung

- Beginnen Sie mit einem 20-Meter-Zirkel bei **L** auf der linken Hand. Jedes Mal, wenn der Reiter sich der Mittellinie nähert, bereitet er sich und das Pferd darauf vor, ein oder zwei Sprünge versammelten Galopp auf der Stelle zu reiten. Nach dem Versuch reitet er für einen halben Zirkel weiter, um dann, wieder auf der Mittellinie, einen weiteren Versuch zu machen.
- Wenn das Üben ein zufrieden stellendes Ergebnis bringt, wechselt der Reiter die Hand und beginnt auf der rechten Hand zu üben.

Beachten Sie

- Dass der Reiter *Vertrauen schafft*, was bedeutet, einen Fehler des Pferdes zuzulassen und es niemals zu bestrafen.
- Dass der Reiter, wenn er sich der Mittellinie nähert, denselben Takt und Rhythmus im Galopp beibehält.
- Dass der Reiter das Pferd mit einer Reihe von halben Paraden dazu ermuntert, die Gelenke in seinen Hinterbeinen zu biegen und sein Gewicht nach hinten zu verlagern.
- Dass der Reiter den äußeren Zügel zur Tempominderung nutzt, während der innere Zügel das Axis-Gelenk locker und den Geist des Pferdes entspannt hält.
- Dass die Energie und der Takt gleich bleiben, wenn die Geschwindigkeit verringert wird.
- Dass der Reiter seine Gerte in seiner äußeren Hand hält und bereit ist, sie wie den Taktstock eines Dirigenten an der Flanke des Pferdes einzusetzen, um den Takt zu erhalten.

Bemerkung

- Der Reiter sollte sich vorstellen, dass er entweder auf einem Schaukelpferd im Kinderzimmer sitzt oder ein LKW-Fahrer ist, der eine Ladung Sand von seiner Ladefläche kippt. Der Reiter sollte lernen, das Tempo allmählich gegen 0 km/h zu reduzieren und das Pferd gleichzeitig harmonisch und vertrauensvoll zu halten.

KAPITEL 6

VIERTE STUFE, ÜBUNG 6

Die Galopp-Pirouette
VORBEREITENDE ÜBUNG 2

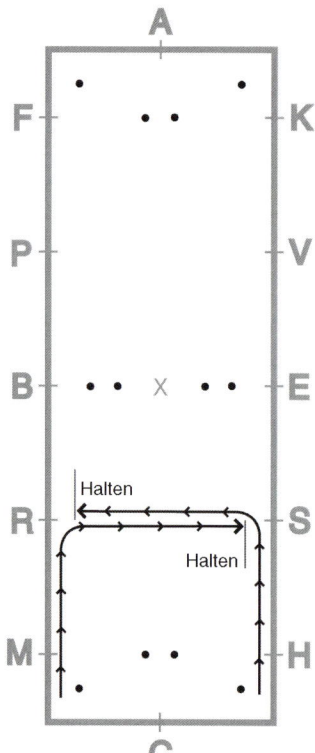

Zweck

Vertrauen für den hoch versammelten Galopp auf der Stelle und den Übergang zum Halten zu schaffen.

Erklärung

- Beginnen Sie bei **H** im Linksgalopp. Bei **S** machen Sie eine weiche Viertelwendung nach links, und reiten Sie auf **R** zu. Auf der Mittellinie beginnen Sie einen Übergang zum Halten, der möglichst nah an der Bande bei **R** ausgeführt werden soll.
- Nach dem Übergang reiten Sie eine „Wendung auf dem Quadrat" nach links und wiederholen die Übung. (Prüfen Sie noch einmal **Übung 2 der Ersten Stufe**). Wenn ein zufrieden stellendes Ergebnis erzielt wird, beginnen Sie mit demselben Training auf der rechten Hand bei **M** über **R** nach **S**.

Beachten Sie

- Dass der Reiter für den erhöhten Versammlungsgrad *Vertrauen schafft*, was bedeutet, dem Pferd auch mal einen Fehler zuzugestehen und Bestrafung zu vermeiden.
- Dass der Reiter das Pferd mit einer Reihe von halben Paraden zwischen der Mittellinie und der Bande allmählich zum Halten kurz vor der Bande bringt.

Bemerkung

- Ermuntern Sie den Reiter, sich vorzustellen, ein sehr wertvolles Auto vor **S** oder **R** zu parken und dabei jeglichen Kratzer zu vermeiden.
- **Wiederholung ist die Mutter jedes fundierten Wissens!**

VIERTE STUFE, ÜBUNG 7

Die Galopp-Pirouette
VORBEREITENDE ÜBUNG 3

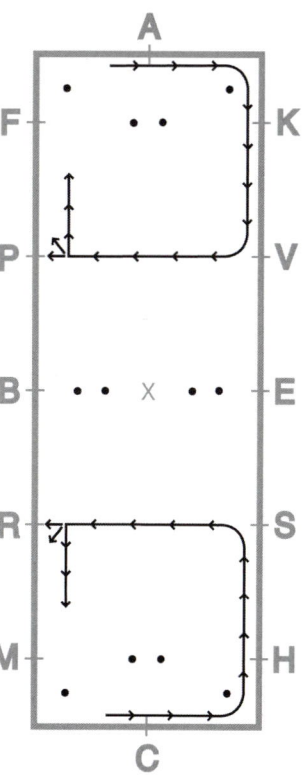

Zweck

Dem Pferd und dem Reiter beizubringen, eine Viertel-Pirouette vor der Bande zu reiten.

Erklärung

- Beginnen Sie in versammeltem Galopp entweder bei **C** auf der linken Hand oder bei **A** auf der rechten Hand. Bei **S** machen Sie eine sanfte Wendung nach links (oder rechts bei **V**) und reiten Sie auf die Bande zu. Das Pferd hat vorher schon geübt, vor **R** (oder **P**) sicher zu halten. Wiederholen Sie ggf. **Übung 6 der Vierten Stufe**.
- Wenn das Pferd ohne nervöse Anzeichen den Übergang zum Halten beginnt, macht der Reiter eine „Wendung auf dem Quadrat" oder eine Viertel-Hinterhandwendung, welche die Viertel-Pirouette nach links bei **R** oder nach rechts bei **P** darstellt.
- Fahren Sie nach der Viertel-Pirouette im Galopp fort, halten und *belohnen das Pferd*. Gegebenenfalls können Sie die Übung wiederholen.

Beachten Sie

- Dass der Reiter *navigiert*.
- Dass der Reiter den ganzen Weg bis zur Bande im Galopp bleibt.
- Dass der Reiter die „Wendung auf dem Quadrat" mit einigen Sprüngen in der Schultervor nach Links-Position vorbereitet.
- Dass der Reiter den Beginn der Pirouette mit seinem inneren Zügel zulässt, indem er sein inneres Handgelenk öffnet.
- Dass der Reiter seinen äußeren Zügel nutzt, um die Wendung Sprung für Sprung zu kontrollieren. Er muss darauf vorbereitet sein, mit dem Zügel gegen zu führen, also nach außen zu öffnen, falls das Pferd die Wendung vorwegnimmt oder die Vorhand herumwirft, um dem Galopp-Takt und den Galopp-Sprüngen in der Wendung auszuweichen.
- Dass der Reiter still sitzt, damit er die vorwärts treibenden Hilfen nicht zu stark einsetzt und so riskiert, dass das Pferd die Hilfen falsch versteht und versucht, den Drehpunkt der Wendung zu verlassen.
- Dass der Reiter das Pferd mit seinen Gewichtshilfen und einem seitwärts treibenden äußeren Schenkel wendet.

Bemerkung

- Die Bande wirkt wie ein Amboss vor dem Pferd und lehrt es, sich auf der Stelle zu wenden, dem Wendepunkt!
- Sollte sich das Pferd, die Wendung erahnend, der Bande verspannt oder nervös nähern, halten Sie einfach. Das Pferd muss sich entspannt und vertrauensvoll nähern. *Bestrafen Sie es nicht!*
- Wenn das Pferd seine Vorhand in die Wendung hineinwirft und den äußeren Zügel ignoriert, zeigt es außerdem keinen Respekt vor dem inneren Schenkel des Reiters. Halten Sie. Bestrafen Sie das Pferd nicht. Machen Sie stattdessen einige Vorhandwendungen (lesen Sie dazu auch noch einmal **Übung 1 der Ersten Stufe**), um Ordnung und Respekt für die Hilfen, besonders den inneren Schenkel, wiederherzustellen.

Meine Empfehlung

- Fahren Sie nicht mit anderen Pirouetten-Übungen fort, bevor diese nicht zufriedenstellend ausgeführt wird.

Die häufigsten Fehler

1. Nach innen herabsehen.
2. In der inneren Hüfte einknicken, da dann die Gewichtshilfen falsch arbeiten und den Hilfen für die Wendung widersprechen.
3. Zu starker Einsatz der vorwärts treibenden Hilfen.

VIERTE STUFE, ÜBUNG 8

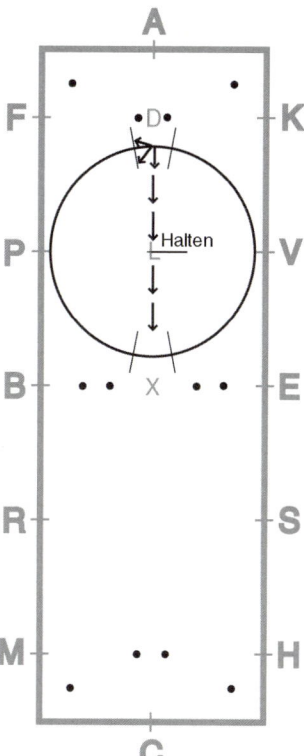

Die Galopp-Pirouette
VORBEREITENDE ÜBUNG 4

Zweck

Übung 5 zu wiederholen und dabei eine Viertel-Pirouette auf der Mittellinie hinzuzufügen.

Erklärung

- Beginnen Sie mit einem 20-Meter-Zirkel bei **L** auf der linken Hand. Jedes Mal, wenn der Reiter sich der Mittellinie nähert, bereitet er das Reiten von ein oder zwei Sprüngen versammeltem Galopp auf der Stelle vor (vorbereitende **Übung 1 von Übung 5 der Vierten Stufe**).
- Wenn dies ein zufrieden stellendes Ergebnis hervorbringt, fängt der Reiter an, auf der Mittellinie eine Viertel-Pirouette nach links zu machen, die gefolgt wird vom Halten bei **L**. Später wird die Übung dann auf der rechten Hand trainiert.

Beachten Sie

- Dass der Reiter *navigiert* und sich auf die Mittellinie und **C** konzentriert, um in der Lage zu sein, die Pirouette rechtzeitig zu unterbrechen!
- Dass der Reiter die Viertel-Pirouette nach links vorbereitet, indem er das Pferd nach links stellt und biegt. Dabei muss er die Vorhand des Pferdes mit dem inneren Schenkel, dem Einsatz der äußeren Gewichtshilfen und dem führenden äußeren Zügel nach außen verschieben, bis die Vorhand ungefähr 60 cm außerhalb der Zirkellinie ist und die Hinterhand die Mittellinie (den Drehpunkt) erreicht hat. Damit nimmt der Reiter Gewicht vom Knie- und Sprunggelenk, bevor die Viertel-Pirouette eingeleitet wird und das Pferd sich traut sowie in der Lage ist, seine Kruppe zu senken und sich in den Hanken zu beugen.
- Dass der Reiter die Viertel-Pirouette zulässt, indem er das innere führende Handgelenk öffnet, sein Gewicht in die Wendung verlagert und die Kontra-Führung mit dem äußeren Zügel vorbereitet, der die Galopp-Sprünge und den Takt der Drehung kontrolliert.
- Dass der Reiter *still sitzt*, was bedeutet, dass er sein Kinn anhebt, seinen Brustkorb aufrecht und seine Taille gerade hält und dass er seine Unterschenkel vorsichtig einsetzt, um zu vermeiden, dass er das Pferd vom Wendepunkt wegschiebt.

Bemerkung

- Wenn das Pferd nervös oder verspannt auf die Mittellinie kommt, führen Sie die Viertel-Pirouette nicht durch. Gehen Sie stattdessen zurück und üben Sie das „Schaukeln auf der Stelle", bis es gut funktioniert.
- *Bestrafen Sie nicht! Schaffen Sie Vertrauen! Belohnen Sie sofort!*

KAPITEL 6

VIERTE STUFE, ÜBUNG 9

Die Galopp-Pirouette
VORBEREITENDE ÜBUNG 5

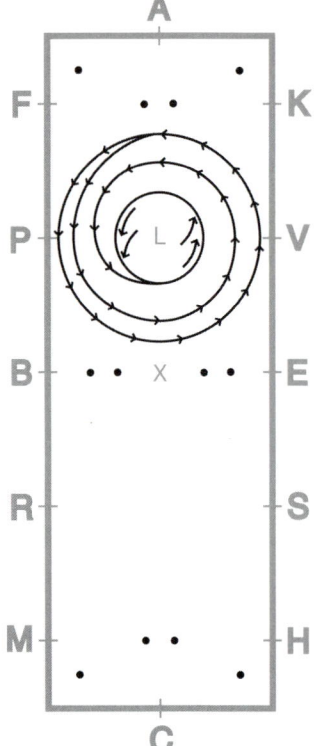

Zweck

Die Arbeits-Pirouette zu trainieren.

Erklärung

- Beginnen Sie mit dem Reiten eines 20-Meter-Zirkels um **L** herum auf der linken Hand. Verkleinern Sie nun den Zirkel bis auf einen Durchmesser von ca. 8 Metern. Auf dem 8-Meter-Kreisbogen erhöhen Sie die Versammlung der Galoppsprünge und führen Sie ein, zwei oder drei Sprünge in Travers nach links (Hinterhand nach innen) durch. Nach jedem Travers-Versuch wird der Zirkel wieder auf 20-Meter Durchmesser vergrößert. Später wechseln Sie den Galopp und die Hand und arbeiten aus der anderen Richtung.
- Wenn Reiter und Pferd besser werden, kann die Anzahl der Sprünge im Travers erhöht werden.

Beachten Sie

- Dass der Reiter *navigiert*.
- Dass das Pferd die Zirkel-Außenlinie im Auge behält, während es das Travers durchführt.
- Dass der Reiter rhythmisch denkt und handelt, wie halbe Parade/Travers/Zirkel vergrößern/halbe Parade/Travers/Zirkel vergrößern und so weiter. So bringt man das Pferd dazu, sein Gewicht nach hinten zu verlagern und seine Hanken zu biegen. Dem Pferd sollte beigebracht werden, selbstsicher, fit und in der Lage zu sein, „wie ein bettelnder Hund zu sitzen".
- Dass der Reiter versteht, dass diese Übung eine Möglichkeit ist, die Fitness des Pferdes und sein Selbstvertrauen für das sehr langsame Tempo, Sprung für Sprung, zu stärken.

Bemerkung

- Diese Übung ist sehr anstrengend. Gehen Sie vorsichtig vor, um Überbeanspruchungen im Knie- oder Sprunggelenk zu vermeiden.

VIERTE STUFE: ERHÖHTER GRAD DER VERSAMMLUNG

- Für alle bis jetzt vorgeschlagenen Übungen, wie man die Pirouette im Galopp trainieren kann, empfehle ich, dass die Reiter harte Korrekturen vermeiden und stattdessen bemüht sind, Vertrauen im Pferd herzustellen.
- Pferde sind jedoch clever, und oft muss der Reiter die Ordnung wiederherstellen. Wieder würde ich empfehlen, sich dafür der Vorhandwendung zu bedienen. Die Vorhandwendung bringt das Pferd an die Hilfen des Reiters und schafft Disziplin, besonders für den inneren Schenkel und löst das gesamte Pferd. Wiederholen Sie auch **Übung 1 der Ersten Stufe „Die Schwamm-Übung"**.

VIERTE STUFE, ÜBUNG 10

Die Galopp-Pirouette
„DIE TRIANGEL" ODER
VORBEREITENDE ÜBUNG 6

Zweck

Die Viertel-Pirouette auf der Diagonalen zu trainieren.

Erklärung

- Beginnen Sie im Linksgalopp in der Ecke bei **M**. Bei **H** reiten Sie auf die Diagonale in Richtung **B** und bereiten eine Viertel-Pirouette nach links bei **I** vor.
- Nach der Viertel-Pirouette bei **I** folgen Sie der Diagonalen von **I** in Richtung Ecke bei **M** und wiederholen die Viertel-Pirouette gegebenenfalls. Später beginnen Sie in der Ecke bei **H** und trainieren die Übung in der anderen Richtung.
- Wie in der Zeichnung gezeigt, beginnt die Übung mit der Viertel-Pirouette bei **I**. Das ist *Sequenz A* (1). Dann wird die Übung zu einer Drittel-Pirouette bei **I** entwickelt, auf der Mittellinie in Richtung C. Das ist *Sequenz B* (2).
- Zum Schluss versucht der Reiter die halbe Pirouette zurück nach **H** auf der Diagonalen. Das ist *Sequenz C* (3).

Mein Rat

- Gehen Sie vorsichtig vor und seien Sie bereit, zu den Basis-Übungen zurückzugehen.

Beachten Sie

- Dass der Reiter bereits auf der kurzen Seite bei **C** den „Punkt" **I** anvisiert.
- Dass der Reiter sich eine „Straßenschacht-Abdeckung" bei **I** vorstellt.
- Dass sich der Reiter der „Straßenschacht-Abdeckung" in sehr versammeltem Galopp nähert und Schultervor nach links reitet. So platziert er die Vorhand leicht auf die rechte Seite des „Schachtes".
- Dass der Reiter, wenn das innere linke Hinterbein den „Schacht" berührt, die Ecke bei **M** anvisiert.
- Dass der Reiter die Geschwindigkeit des Pferdes vorsichtig auf fast „0 km/h" reduziert und es die Viertel-Pirouette nach links ausführen lässt.

VIERTE STUFE: ERHÖHTER GRAD DER VERSAMMLUNG

VIERTE STUFE, ÜBUNG 11

Die Galopp-Pirouette
VORBEREITENDE ÜBUNG 7

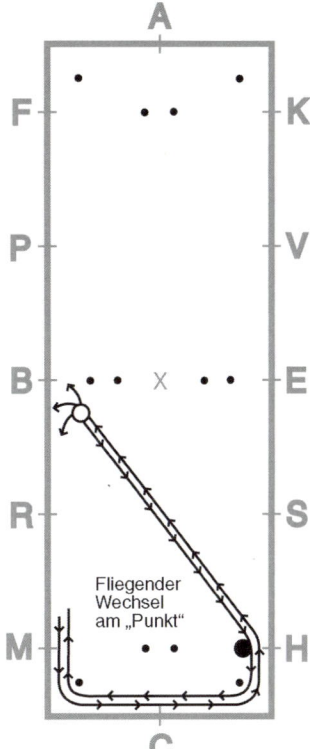

Zweck

Die halbe Pirouette auf der Diagonalen, aber dicht an der Bande zu trainieren. Die Bande wirkt wie ein Amboss vor dem Pferd, wie in vorhergehenden Übungen.

Erklärung

- Beginnen Sie im Linksgalopp bei **M**. Reiten Sie auf die Diagonale von **H** nach **B**. Kurz vor **B,** wenn das Pferd auf die Hilfen reagiert, führen Sie die halbe Pirouette nach links aus und kehren anschließend nach **H** zurück.
- Bei **H** machen Sie einen fliegenden Galoppwechsel nach rechts.

Beachten Sie

- Dass der Reiter navigiert und an den Punkt nahe bei **B** denkt, an dem er die halbe Pirouette ausführen wird, wenn er bei **C** auf der kurzen Seite ist. Denken Sie an die Metaphorik der „Straßenschacht-Abdeckung" in einer Straße mit einem Durchmesser von ca. einem Meter.
- Dass der Reiter, wenn er sich **B** nähert, durch den Gebrauch vieler halber Paraden allmählich das Tempo auf fast 0 km/h reduziert.
- Dass der Reiter, bevor er das Pferd die Pirouette beginnen lässt, seine Vorhand mit einigen Sprüngen in Schultervor links nach rechts verschiebt, um das innere Hinterbein des Pferdes für die Wendung gut unter den Schwerpunkt zu bringen.
- Dass der Reiter, wenn das Pferd gut auf die Bande (den Amboss) reagiert, ruhig und „cool" bleibt, still sitzt und das Pferd die halbe Pirouette in 3 oder 4 Sprüngen **ausführen lässt**.
- Dass der Reiter während der halben Pirouette stets **H** anvisiert und vorbereitet ist, die Bewegung rechtzeitig zu beenden, um in der Lage zu sein, auf gerader Linie nach **H** für den dort ausgeführten fliegenden Wechsel zurückzukehren.

Bemerkung

- Sollte das Pferd verspannt sein oder versuchen, die halbe Pirouette vorwegzunehmen, halten Sie. Lassen Sie das Pferd wieder entspannen. Dann galoppieren Sie im Linksgalopp an und machen einen neuen Versuch.
- *Denken Sie daran: Vertrauen schaffen!*

KAPITEL 6

VIERTE STUFE, ÜBUNG 12

Die Galopp-Pirouette
WIE IM PRIX ST. GEORGE

Zweck

Die halbe Pirouette auf der Diagonalen zwischen **H** und **X** oder **M** und **X** zu trainieren.

Beachten Sie

- Dass der Reiter navigiert und auf der kurzen Seite bei **C** an den genauen Punkt auf der Diagonalen denkt, an dem er die halbe Pirouette reiten wird.
- Dass der Reiter die Vorhand des Pferdes mit einigen Sprüngen in Schultervor links auf die rechte Seite der „Straßenschacht-Abdeckung" verschiebt.
- Dass der Reiter allmählich das Tempo gen 0 km/h zurücknimmt, wenn er sich dem „Straßenschacht" nähert.
- Dass der Reiter das linke Hinterbein des Pferdes auf die „Straßenschacht-Abdeckung" bringt, bevor er das Pferd die halbe Pirouette beginnen lässt.
- Dass der Reiter ruhig und cool bleibt und das Pferd seine Aufgabe erledigen lässt, wenn er mit der halben Pirouette beginnt.
- Dass der Reiter während der Wendung **H** anvisiert und bereit ist, die halbe Pirouette rechtzeitig zu beenden, ähnlich wie eine *„Primaballerina"* ihren Kopf zu einem neuen Fokuspunkt wendet, bevor sie eine oder mehrere weitere Pirouetten ausführt.

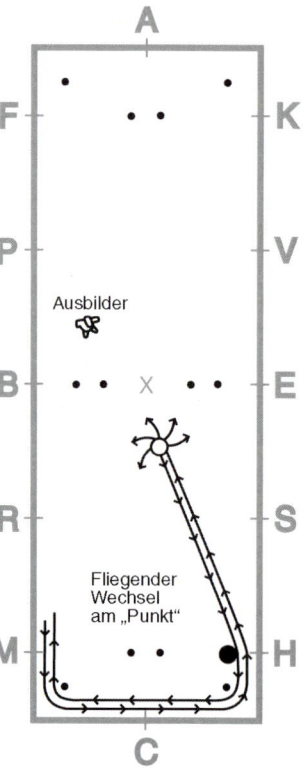

Bemerkung

- Die ausgewählte Stelle für die „Straßenschacht-Abdeckung" auf der Zeichnung ist näher bei **X** als bei **H**. In ästhetischer Hinsicht ist es wahrscheinlich schöner, die halbe Pirouette genau in der Mitte zwischen **X** und **H** auszuführen.
- Früher wurde der fliegende Wechsel bei **H** in die Bewegung integriert, und viele Reiter ritten den Wechsel nicht sorgfältig. Seit 1996 jedoch sehen die Prüfungen die halbe Pirouette als eine und den fliegenden Wechsel als eine andere eigenständige Bewegung.
- Für weniger erfahrene Reiter und Reiter mit unerfahrenen Pferden lässt die ausgewählte Stelle in dieser Übung nach der Pirouette mehr Raum und Zeit für die Vorbereitung des Pferdes auf einen erfolgreichen Wechsel.
- In Übungsstunden sollte die „Straßenschacht-Abdeckung" öfter am Boden markiert sein. Der Ausbilder braucht nur mit dem Absatz seines Stiefels eine Markierung zu zeichnen, und sie ist dem Reiter eine sehr gute Hilfe bei der Vorbereitung einer Prüfung.

VIERTE STUFE: ERHÖHTER GRAD DER VERSAMMLUNG

VIERTE STUFE, ÜBUNG 13

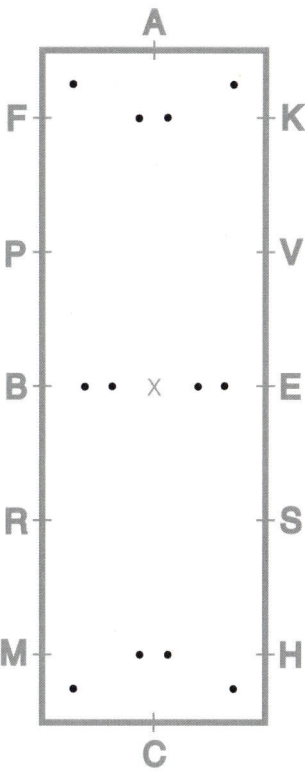

Mehrfache fliegende Wechsel
SERIENWECHSEL IM GALOPP

Zweck

Die fliegenden Wechsel zu 8 und 6 Sprüngen.

Erklärung

▪ Beginnen Sie auf dem Hufschlag an den langen Seiten der Reitbahn zu trainieren und später entweder auf den Diagonalen oder den Viertellinien.

Beachten Sie

▪ Dass das Pferd in der Lage ist, einen einzelnen fliegenden Wechsel ruhig, gerade und genau auf einer Stelle auszuführen, bevor das Training der mehrfachen Wechsel beginnt. Wiederholen Sie **Übung 8 der Dritten Stufe**.
▪ Dass sich die Anzahl der Sprünge zwischen den Wechseln nach dem Ausbildungsstand des Pferdes und seiner Sensibilität richtet.
▪ Dass das Pferd vor und nach jedem Wechsel mit dem neuen äußeren Zügel gerade gerichtet wird.
▪ Dass das Pferd vor und während jeden Wechsels „vorwärts denkt".
▪ Dass der Reiter vor und während jeden Wechsels ruhig und tief im Sattel sitzen bleibt.
▪ Dass das Pferd *niemals* hart korrigiert wird.
▪ Dass der Reiter einige andere Lektionen an anderer Stelle reitet und die aufeinander folgenden Wechsel nicht mehrere Tage hintereinander übt, wenn das Pferd beginnt, nervös oder verspannt zu werden.

Bemerkung

▪ Das Selbstvertrauen des Pferdes muss mit mehr Sprüngen zwischen den Wechseln aufgebaut werden.
▪ Das häufige Halten während des Trainings der einzelnen Galoppwechsel hat im Pferd viel Vertrauen und die Bereitschaft zu warten geschaffen. Jetzt, wo es die mehrfachen fliegenden Wechsel lernt, erwartet es ein Halt und eine Belohnung nach jedem einzelnen Wechsel anstatt davonzurennen. Dies noch frisch im Gedächtnis des Pferdes ermöglicht dem Reiter, das Pferd zu jedem Wechsel *vorwärts* zu reiten, anstatt abwehrend zu versuchen, ein verspanntes Pferd mit restriktiven Händen zu managen.

KAPITEL 6

VIERTE STUFE, ÜBUNG 14

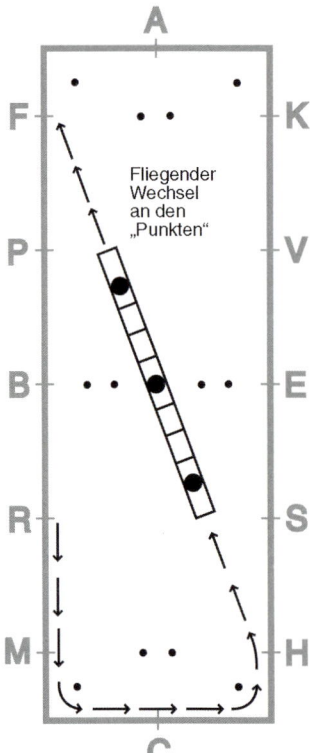

Mehrfache fliegende Wechsel
SERIENWECHSEL IM GALOPP

Zweck

Die fliegenden Wechsel zu 4 und 3 Sprüngen zu trainieren.

Erklärung

- Beginnen Sie bei R im Linksgalopp und bereiten Sie sich darauf vor, den fliegenden Wechsel auf der Diagonalen H nach F dreimal alle 4 Sprünge auszuführen.

Beachten Sie

- Dass der Reiter jedes Mal vor dem Angaloppieren entscheidet, wie oft er den Galopp wechseln und wie viele Sprünge er zwischen den Wechseln reiten wird.
- Dass der Reiter *navigiert* und seinen Fokuspunkt bei F findet und ihn ansieht, wenn er die Diagonale reitet.
- Dass sich der Reiter die Diagonale als sehr schmale „Straße" mit einer Breite von ungefähr einem Meter vorstellt.
- Dass der Reiter vorbereitet ist, auf der rechten Seite der „Straße" entlang zu reiten, wenn er vor dem ersten Wechsel auf die Diagonale reitet.
- Dass der Reiter den ersten fliegenden Wechsel von links nach rechts vorbereitet, indem er sein gerades Pferd auf die linke Seite der „Straße" verschiebt und dann den ersten Wechsel nach rechts ausführt.
- Dass der Reiter beim ersten Wechsel zu zählen beginnt: „und eins; und zwei; und drei; und – wechseln." Wenn sich das Pferd im neuen Galopp befindet, schiebt der Reiter das Pferd diskret zur rechten Seite der „Straße" und reitet den zweiten Wechsel.
- Dass der Reiter beim zweiten Wechsel zu zählen beginnt: „und eins; und zwei; und drei; und wechseln." Wenn sich das Pferd im neuen Galopp befindet, schiebt der Reiter das Pferd diskret zur linken Seite der „Straße" und reitet den dritten Wechsel.

Bemerkung

- Die Art, wie Reiter die Sprünge zwischen den Wechseln zählen ist sehr unterschiedlich. Mein oben gemachter Vorschlag hilft dem Reiter, im Takt mit den Sprüngen zu zählen.
- Die Metaphorik, auf einer schmalen Straße zu reiten und das galoppierende Pferd diskret „von einer Straßenseite zur anderen" zu bringen, ist zu Beginn des Trainings eine sehr gute Hilfe. Es in den unterstützenden (bald) neuen äußeren Schenkel zu reiten bereitet es auf dessen Einfluss für den Wechsel vor.
- Der Reiter ist aktiv mit dem äußeren Schenkel.
- Das Pferd ist mit dem Gewicht und den Schenkeln des Reiters beschäftigt und bereit, die Hilfen für den fliegenden Wechsel anzunehmen.
- Indem der Reiter seine Augen auf den Fokuspunkt **F** gerichtet hält, reitet er immer noch geradeaus, auch wenn er das Pferd fast unsichtbar seitlich verschiebt.

KAPITEL

7 ÜBUNGEN DER FÜNFTEN STUFE

FÜNFTE STUFE:
DER HÖCHSTE GRAD DER VERSAMMLUNG

Die Lektionen sind mehrfache fliegende Wechsel bis zu zwei Sprüngen, Einerwechsel, die ganze Pirouette im Galopp, Piaffe und Passage.

FÜNFTE STUFE, ÜBUNG 1

Mehrfache fliegende Wechsel

Zweck

Rat für das Training von fliegenden Wechseln jeden 2. Galoppsprung, „die Zweier".

Erklärung

- Wenn das Training der fliegenden Wechsel zu 8, 6, 4 und 3 Sprüngen gut funktioniert, ist es Zeit, mit den „Zweiern" und kurz darauf mit den „Einern" zu beginnen.
- Sollten die Wechsel à tempo nicht zufrieden stellend ausfallen, ist es besser, einige Lektionen in einer anderen Gangart einzufügen und die Wechsel für einige Tage nicht zu wiederholen.
- Es ist außerdem ratsam, **Übung 8 der Dritten Stufe** zu wiederholen und den einzelnen Wechsel bis zur Perfektion zu trainieren!

Meine Empfehlungen

- In den meisten Sportarten ist die Fähigkeit sich zu konzentrieren am wichtigsten für einen erfolgreichen Athleten. Auf dem Schießstand ist dies sehr offensichtlich: Das Ziel anvisieren und auf das Ziel schießen. Gute Konzentration beim Schießen macht 95% des erfolgreichen Ergebnisses aus.
- Wenn der Reiter die mehrfachen fliegenden Wechsel übt, muss er sich darauf konzentrieren, zu navigieren und den Fokuspunkt anzuvisieren; nicht nach unten zu sehen und/oder seine Hüfte zu verdrehen oder seinen Oberkörper von einer Seite zur anderen zu bewegen; herumzuwackeln und zu viele Schenkelbewegungen zu vermeiden; und darauf, das Pferd übertrieben umzustellen.
- Es ist die Pflicht des Ausbilders, eine strenge Disziplin in Bezug auf die oben genannten Dinge aufrecht zu erhalten!
- Wenn sich der Reiter genügend konzentriert, kann er genaue und fast unsichtbare Hilfen geben, und das Pferd bleibt *ruhig vorwärts gerade*.
- Beginnen Sie das Training der „Zweier" erst einmal mit zwei Wechseln. Später trainieren Sie drei und erhöhen allmählich die Anzahl, bis der Reiter und das Pferd in der Lage sind, fünf Zweierwechsel auszuführen.
- Der Zweierwechsel ist eine sehr rhythmische Bewegung. Bevor der Reiter beginnt, muss er sich entscheiden, wie viele Wechsel er ausführen möchte. Sonst erlaubt er dem Pferd, die Entscheidungen zu treffen oder macht so lange weiter, bis er oder das Pferd einen Fehler machen.
- Die Arten, wie Reiter die Anzahl der Wechsel zählen, sind sehr unterschiedlich. Dies ist mein Vorschlag, sieben Zweierwechsel zu zählen:
- „und eins – und zwei; und zwei – und zwei; und drei – und zwei; und vier – und zwei; und fünf – und zwei; und sechs – und zwei; und sieben – und zwei."
- Der Reiter ist in der Lage, im Takt mit dem Galopp zu zählen und rhythmische Hilfen zu geben. Gleichzeitig weiß er immer, wie viele Wechsel er ausgeführt hat und wie viele noch folgen.

FÜNFTE STUFE, ÜBUNG 2

Mehrfache fliegende Wechsel

Zweck

Hinweise für das Training von fliegenden Wechseln von Sprung zu Sprung, auch à Tempo oder Einerwechsel genannt.

Die Trainingsentwicklung des Reiters

- Der beste Weg für einen Reiter, das Ausführen der Einerwechsel zu lernen, ist ein ausgebildetes, fähiges und *„vergebendes"* altes Pferd zu reiten.
- Der Reiter muss lernen – ohne Steigbügel – seine Hilfen immer frühzeitig zu geben. Wenn er zum Beispiel einen fliegenden Wechsel von links nach rechts und wieder zurück machen soll, muss er die Hilfen für den Wechsel zurück in den Linksgalopp sofort nach den Hilfen für den ersten Wechsel (von links nach rechts) einsetzen.
- Er muss einen Sprung voraus sein; und zwei der Einer sind ausgeführt!
- Der Reiter muss viele, viele „zwei der Einer" reiten, aus dem Links- oder Rechtsgalopp, und zwar in einwandfreiem Sitz, bevor er dazu übergeht, mehr der „zwei Einer" auszuführen. Es ist wie das Hinaufsteigen auf eine Leiter, Schritt für Schritt lernen, bis der Reiter fünf Einer hintereinander ausführen kann.
- Bei jeder Trainingseinheit muss der Ausbilder oder Reiter entscheiden, wie viele Wechsel ausgeführt werden sollen. Der Reiter muss sich konzentrieren und lernen, zu zählen und gleichzeitig das Pferd an den Hilfen zu halten. Der Teil mit dem Zählen ist einfach: 1, 2, 3 usw.
- Da dieses Trainingsstadium sehr aufregend ist, versucht der Reiter oft viel zu früh, 15 Einerwechsel hintereinander zu reiten, wie es im Grand Prix momentan verlangt wird.
- Wenn ein weniger erfahrener Reiter, besonders wenn er dazu noch auf einem unerfahrenen Pferd sitzt, versucht, zu viele Einerwechsel zu schnell auszuführen, kann er mit jedem Sprung das Vertrauen des Pferdes für die Wechsel zerstören. Normalerweise gibt er dann die Hilfen zu spät oder unrhythmisch, sodass das Pferd sie nicht übersetzen kann.
- Es ist viel besser, fünf Einer zu üben und nach einer Pause weitere fünf, und nach einer weiteren Pause noch mal fünf usw.!
- Die Länge der Unterbrechungs-Pausen richtet sich nach den Reaktionen des Pferdes. Der Reiter muss mit der nächsten Sequenz warten, bis das Pferd durch viele halbe Paraden wieder ausbalanciert, gelassen, vorwärts und gerade ist.

- Häufig muss der Reiter auch zurückgehen und noch einmal zwei Einerwechsel in Folge üben, um das Taktgefühl wiederherzustellen und vorsichtig Sequenzen in Harmonie mit dem Pferd aufzubauen.

FÜNFTE STUFE: DER HÖCHSTE GRAD DER VERSAMMLUNG

- Bei jedem Sprung muss der äußere Zügel das Pferd zurückhalten, während der innere Zügel den Sprung herauslässt. Diese abwechselnden Zügelhilfen müssen mit jedem Sprung rhythmisch erfolgen.
- Bei sehr sensiblen, nervösen und heißen Pferden, die von Natur aus gut vorwärts gehen, schlage ich vor, dass der Reiter den rhythmischen Einfluss mit dem äußeren zurückhaltenden Zügel erhöht und sehr vorsichtig den Einfluss der Gewichts- und Schenkelhilfen verringert.

Die Trainingsentwicklung des Pferdes

- Wenn das Pferd das Ausführen der fliegenden Wechsel alle zwei Sprünge gelernt hat, ist es an der Zeit, mit den Wechseln von Sprung zu Sprung, auch à Tempo oder Einer genannt, zu beginnen.
- Genau genommen ist es, wie dem Pferd eine neue Gangart beizubringen. Nach meinen Erfahrungen gehe ich gern sehr vorsichtig über den Zeitraum von einem Jahr vor. In diesem Jahr ist das Ziel, das Vertrauen des Pferdes aufzubauen und fünf Einer *ruhig, vorwärts und gerade* ausführen zu lernen.
- Im ersten und zweiten Monat lernt das Pferd, zwei Einer zu machen, z.B. Linksgalopp – Rechtsgalopp – Linksgalopp oder Rechtsgalopp – Linksgalopp – Rechtsgalopp. Der Reiter sollte ohne Steigbügel und mit strenger Selbstdisziplin für einen korrekten Sitz und korrekte Hilfen reiten. Jedes Mal wenn das Pferd ruhig, vorwärts und gerade reagiert, sollte der Reiter halten und das Pferd belohnen.
- Während der ersten zwei Monate trainiert der Reiter mit einer Pause zwischen den zwei Einern. Er kann sowohl aus dem Linksgalopp als auch aus dem Rechtsgalopp starten. Noch einmal, die Länge der Pause ist abhängig von der Reaktion des Pferdes. Vor jedem Versuch muss das Pferd durch den Gebrauch von vielen halben Paraden ruhig, vorwärts und gerade sein. Der Reiter muss das Pferd dazu erziehen, an den Hilfen zu bleiben und ohne Verspannung die Sequenz der zwei Einer nacheinander zu wiederholen.
- Im dritten Monat wird das Pferd wahrscheinlich bereit sein zu lernen, drei Einer auszuführen. Wenn das Pferd einen Fehler macht oder die Hilfen des Reiters nicht übersetzen kann, muss der Reiter geduldig die Sequenz der zwei Einer wiederholen, bis er das Gefühl hat, während der Wechsel „im" Rücken des Pferdes zu sitzen. Dann kann er den Versuch wiederholen. Der Reiter sollte niemals hart reagieren!
- Meistens werden die Fehler durch unrhythmisch oder zu spät gegebene Hilfen verursacht. Wiederholen Sie noch einmal **Übung 8, Dritte Stufe**.
- Am Ende des dritten Monats ist das Pferd normalerweise in der Lage, zwischen den drei Einern eine Pause zu machen und ruhig, vorwärts und gerade zu bleiben. Wenn nicht, muss der Reiter das Wesentliche wiederholen! Wenn das Pferd eine neue Gangart lernt, braucht das Zeit!
- Während des vierten Monats lernt das Pferd drei und vier Einer auszuführen. Wenn das Basis-Training in den ersten drei Monaten erfolgreich war, sollte dies keine großen Probleme verursachen. Trotzdem ist es ein großer Schritt von zwei oder drei Einern zu vier Einern. Der Reiter muss sehr viel Geduld haben. Die Bestrafung eines Schülers (des Pferdes) trägt niemals zum besseren Verstehen oder Fortschritt bei! Wiederholung ist die Mutter jeden fundierten Wissens!

- Das Training im vierten Monat schließt nun auch Sequenzen verschiedener Wechsel mit unterschiedlich langen Pausen ein, z.B. zwei Einer drei- oder viermal, oder drei oder zwei Einer drei- oder viermal, oder vier Einer. Es ist wie eine Drillübung, um das Pferd gehorsam, selbstsicher und aufmerksam auf die Hilfen zu machen. Noch einmal, es ist, wie dem Pferd eine neue Gangart beizubringen, und das braucht Zeit. *Festina lente* (Eile mit Weile!).
- Während des fünften Monats ist das Pferd wahrscheinlich bereit, mit dem Lernen der fünf Einerwechsel zu beginnen. Wie ich in der Einführung sagte, ist es ein Ziel für ein volles Jahr. Das ist wahr, aber jetzt im 5. und den folgenden Monaten muss das Pferd durch viele Kombinationen trainiert werden, die es den Hilfen gegenüber aufmerksam hält und jegliche Tendenz zum Vorwegnehmen unterbindet.
- Der Reiter muss immer im Voraus entscheiden, wie viele Einerwechsel er reiten will. Wenn nicht, beginnt er ohne Konzentration und macht weiter, bis entweder er oder das Pferd einen Fehler macht. Einen Fehler, der Enttäuschung im Reiter und Verzweiflung im Pferd für eine lange Zeit verursachen kann. Es reicht, fünf Einer zu reiten.
- Wenn das Pferd am Ende des Jahres fünf Einer mit Schwung und Elastizität ausführt und dabei gelassen, vorwärts und gerade bleibt, ist es kein Problem, die Anzahl der Wechsel auf sieben zu erhöhen – wie in der S 8 oder wie im Grand Prix.
- Das Pferd sollte seinem Reiter vertrauen und nach fünf Einern sollte es so scheinen, als ob es den Reiter fragen will, ob er noch einige weitere Einerwechsel ausführen möchte anstatt nervös das Tempo zu erhöhen, auf die Vorhand zu fallen und zu versuchen, den Reiter aus dem Sattel zu ziehen.
- Der Reiter muss immer daran denken: *Wiederholung ist die Mutter jeden fundierten Wissens!*

FÜNFTE STUFE, ÜBUNG 3

Die ganze Galopp-Pirouette

Zweck

Rat für das Training der ganzen Galopp-Pirouette.

- Durch die **Übungen 5-11 der Vierten Stufe** haben Pferd und Reiter gelernt, die Viertel- und halbe Pirouette im Galopp zu üben. Wenn beide die halbe Pirouette erfolgreich ausführen können, wird die Ausführung der ganzen Pirouette wahrscheinlich keine großen Probleme verursachen.
- Da die Arbeit an der ganzen Pirouette eine große Anstrengung für das Pferd darstellt, *sollte sie nicht zu oft geübt werden.* Sogar mit Pferden, die physisch gut in der Lage zu sein scheinen, die Galopp-Pirouette auszuführen, muss der Reiter sie sparsam reiten.
- Legen Sie den Schwerpunkt des Trainings lieber auf die Wiederholung der Basis-Übungen, um die Fitness, die Stärke, das Vertrauen und die Fähigkeit des Pferdes zu erhöhen, sein Gewicht auf das innere Hinterbein zu verlagern.
- Die Anzahl der Sprünge für eine ganze Pirouette variiert von 6 bis zu 8 Sprüngen.
- Während der ganzen Pirouette muss der Reiter die Aufmerksamkeit des Pferdes kontrollieren, besonders beim dritten Sprung, wenn das Pferd gern vorwegnimmt und die Pirouette unterbricht, wie es das von der halben Pirouette her kennt. Das Pferd unterbricht die harmonische Fußfolge, springt mit seinem inneren Hinterbein vorwärts und widersetzt sich dem Zügeleinfluss, oft kommt es über den Zügel und zeigt dabei seinen Unterhals.
- Der Reiter muss auch die Aufmerksamkeit des Pferdes kontrollieren, wieder besonders beim dritten Sprung und bereit sein, mit einem kontra-führenden äußeren Zügel das Pferd daran zu hindern, seine Vorhand nach innen zu werfen.
- Manchmal gebrauche ich eine einfache Analogie, um die Schüler dazu zu bringen, eine ganze Pirouette Sprung für Sprung zu reiten und sie nicht einfach nur geschehen zu lassen. Stellen Sie sich vor, dass das Pferd „wie ein Messer eine Geburtstagstorte in 6, 7 oder 8 Stücke schneiden soll." Das Pferd befindet sich mit den Hinterbeinen in der Mitte des Kuchens „auf der Schachtabdeckung".
- Geführt durch den Reiter hebt das Pferd seine Vorhand (akzeptiert die halbe Parade), wendet seine Vorhand und senkt sie wieder und schneidet so 6-, 7- oder 8-mal ein Stück der Torte.
- Diese Analogie hat vielen Schülern geholfen, klarer und entschlossener zu reiten und sich jedes einzelnen Sprungs der ganzen Pirouette bewusst zu sein.

KAPITEL 7

FÜNFTE STUFE, ÜBUNG 4

Die Piaffe

Zweck

Hinweis für das Training der Piaffe.

Die Trainingsentwicklung des Reiters

- Die häufigsten Reiterfehler beim Reiten der Piaffe sind Verspannung, Steifheit, sehr offensichtlich angewandte Hilfen im falschen Moment, Bewegungen im Oberkörper und unruhige und rückwärts ziehende Hände.
- Das bedeutet, dass der Reiter an seinem Sitz arbeiten muss, um sehr gut ausbalanciert zu sein, um eine korrekte Piaffe zu reiten. Er muss seine Hilfen mit *Gefühl* einsetzen, um die Balance und den Takt des Pferdes zu verbessern.
- Der beste Weg für einen Reiter, die Piaffe reiten zu lernen, ist ein ausgebildetes, fähiges und *vergebendes* altes Pferd zu reiten. Zuerst kann der Ausbilder dem Schüler beibringen, die Piaffe auf einem Pferd an der Hand, ohne Zügel, zu reiten.
- Wenn ich meinen Schülern etwas über die Piaffe beibringe, rede ich gern über *einleitende und unterstützende Hilfen*. Die Piaffe kann aus dem Halten, dem versammelten Schritt oder aus der Passage begonnen werden. Meinen Erfahrungen nach ist es leichter für den Reiter, die korrekten Hilfen im Schritt anzuwenden. Es ist außerdem leichter für das Pferd, die Hilfen während des Gehens umzusetzen. Es ist vor den vortreibenden Hilfen und bereit, die halben Paraden anzunehmen.
- Mit einer Reihe von halben Paraden bringt der Reiter das Pferd dazu, den Schritt zu versammeln, seine Hinterhand tiefer zu senken und die Gelenke in den Hinterbeinen zu biegen (Hankenbiegung), um mit der Piaffe zu beginnen. Während der halben Paraden setzt der Reiter seine Schenkel in Richtung Flanken des Pferdes ein (die Lage für Versammlung). Das ausgebildete Pferd fängt an, diese einleitenden Hilfen umzusetzen und die Piaffe auszuführen. Das Pferd braucht dann sofort eine spontane Belohnung. Es braucht eine Bestätigung, dass es die Hilfen richtig verstanden und umgesetzt hat!
- Jetzt braucht es die unterstützenden Hilfen, was bedeutet, dass der Reiter seine Schenkel nach vorn bewegt, näher zum Gurt (die vorwärts treibende Lage).
- Die unterstützenden Hilfen bringen das Pferd normalerweise dazu, energischer zu gehen und seine Vorhand zu heben.
- Das Pferd muss dazu ermutigt werden, die Piaffe mit einem *Verlangen* vorwärts zu gehen auszuführen. Es soll jedoch nicht vorwärts gehen – es soll nahezu auf der Stelle bleiben und den Richtern und Zuschauern den *Eindruck vom Vorwärtsgehen* geben.
- Wenn das Pferd die Piaffe ausführt, muss der Reiter bereit sein, es mit den einleitenden Hilfen wieder zu versammeln, sollte es hinter die Bewegung kommen. Genauso sollte er bereit sein, es mit den unterstützenden Hilfen zu belohnen, wenn es reagiert. Der Reiter muss „sein Instrument spielen"!

- Mit der Mischung aus einleitenden und unterstützenden Hilfen ist der Reiter in der Lage, den Takt und das Gleichgewicht des Pferdes zu kontrollieren.
- Zu oft sieht man nervöse, nach vorn gelehnte Reiter, die die Pferde an den Flanken berühren und treten. In einer solchen Situation heben und beugen die Pferde normalerweise gehorsam ihre Hinterbeine, aber mit hoher Hinterhand und nicht im Takt. Das Pferd fällt mit ungenügender Hebung der Vorderbeine, die nur schwer den Boden verlassen, auf seine Vorhand.
- Zu Beginn der Reiter-Ausbildung reichen einige Tritte. Später gehen Sie weiter und wiederholen einige Tritte in der Piaffe, bis der Reiter versteht, wie er sie beginnt und belohnt.
- Die Arbeit in der Piaffe und besonders in der Passage ist für das Pferd Schwerstarbeit! Dieselbe schwere Arbeit als ob menschliche Athleten gedrillt werden, mit hochgezogenen Knien zu laufen! Es ist leicht, schmerzvolle Milchsäure mit zu viel schwerer Arbeit zu erzeugen. Daher *trainieren Sie die Piaffe nicht für eine zu lange Zeit, und gebrauchen Sie niemals Zwang*!
- Die Gerte sollte ähnlich dem Taktstock eines Dirigenten angesehen werden. Sie muss gebraucht werden, *nicht mit Gewalt*, aber sensibel und taktvoll dicht hinter den Schenkeln des Reiters, um das Pferd zu ermutigen!

Die Trainingsentwicklung des Pferdes

- Die heutige Zucht bringt viele für Dressur talentierte Pferde hervor. Natürlich haben sie alle unterschiedliches Exterieur und Temperament, aber viele haben das Talent für die Bewegungen der Hohen Schule wie Piaffe und Passage in ihren Genen.
- Während der ersten beiden Jahre des Basis-Trainings des Pferdes können Sie es manchmal dazu einladen, die Versammlung zu erhöhen, indem Sie für eine kurze Zeit mehr Aktivität in den Hinterbeinen verlangen, während Ihr Gewicht und die parierenden Hände die Vorderbeine am Wegrennen hindern. Häufig antwortet es unbewusst und ohne Probleme mit „halben Tritten", einige besonders energische und kurze Trabtritte, aber noch nicht auf der Stelle. Der Reiter weiß, dass das Pferd die Hilfen für Versammlung umgesetzt hat. Wenn er die „halben Tritte" fühlt, kann er dem Augenblick entgegensehen, in dem das Pferd physisch und mental bereit ist, wirkliche Piaffe-Tritte zu entwickeln.
- *„Es führen mehrere Wege nach Rom".*
- Eine Möglichkeit, die Piaffe zu trainieren, ist die versammelnde Arbeit an der Hand. Es ist eine schwierige aber angenehme Aufgabe, mit der das Pferd Schritt für Schritt bekannt gemacht werden muss. Es muss lernen, den gegenhaltenden Zügel und das Gebiss zu respektieren. Es muss mit der Gertenberührung an seinem ganzen Körper vertraut gemacht werden und dabei lernen, dass der Gebrauch der Gerte keine Bestrafung ist, sondern ein Weg, ihm zu erklären, wie es sich in der Piaffe verhalten soll. Es ist ein Vergnügen, auf dem Boden zu sein und das Pferd bei der Arbeit zu beobachten. Außerdem ist es ein Vorteil für das Pferd, die Piaffe an der Hand zu lernen, ohne das zusätzliche Reitergewicht tragen zu müssen.
- Eine zweite Möglichkeit ist die, das Pferd am langen Zügel zu trainieren, was ebenfalls ein angenehmer Weg ist, das Pferd vom Boden aus zu arbeiten. Es braucht jedoch etwas Zeit, die Handhabung der langen Zügel zu erlernen, um eine gute Kommunikation und Kooperation zu erlangen. Das Pferd muss Vertrauen zu der mit ihm vom Boden arbeitenden Person mit der Gerte in der Hand haben, und es darf sich nicht ängstlich oder bedroht fühlen.

- Beginnen Sie im Schritt auf dem Hufschlag entlang der Bande. Lassen Sie dann das Pferd einige Tritte in sehr langsamem versammeltem Trab ausführen und verlangen einige „halbe Tritte". Wenn es richtig reagiert, halten Sie und loben Sie es. Wenn es nicht versteht und sensibel ist, versucht es vielleicht zu entkommen oder in Richtung des „Reiters" zu treten. Seien Sie geduldig! Bestrafen Sie nicht hart! Gehen Sie langsam Schritt für Schritt ein paar mal pro Woche voran, und es wird die Piaffe lernen.
- *Wiederholung ist die Mutter jeden fundierten Wissens!*
- Eine dritte Möglichkeit, die Piaffe zu trainieren ist, sich das Verlangen des Pferdes zu Nutze zu machen, während eines Ausritts in seinen Stall zurückzukehren, besonders gegen 11.30 Uhr vormittags, wenn es weiß, dass seine Krippe mit Hafer gefüllt ist! Ich habe mit vielen Pferden auf diese Weise gearbeitet. Ich habe ca. 4 Stellen auf meinem Weg nach Hause ausgewählt, an denen ich die Hilfen für die „halben Tritte" gegeben habe. Auf jedem Ausritt kehrte ich zu denselben Stellen zurück, und früher oder später fingen die Pferde an, auf die einleitenden Hilfen zu piaffieren. Und Sie taten dies mit einem richtigen Verlangen sich vorwärts zu bewegen. Mein Problem bei dieser Methode war es, die Pferde gerade und entspannt zu halten.
- Der gebräuchlichere Trainingsweg ist die Arbeit entlang der Bande. Aus dem versammelten Schritt darf das Pferd ein oder zwei Tritte in einem sehr versammelten Trab machen. Dann gibt der Reiter die einleitenden Hilfen für die Piaffe. Das Genick sollte der höchste Punkt des Halses sein. *Gehen Sie langsam vor!* Sobald das Pferd darauf reagiert, belohnt der Reiter sofort und gibt dem Pferd die unterstützenden Hilfen, um das Verlangen des Pferdes, vorwärts zu gehen, zu ermutigen. Die unterstützenden Hilfen erhöhen außerdem die Aktivität des Pferdes sowohl in der Schulter als auch in den Ellbogen-Gelenken.
- Wenn das Pferd mit den „halben Tritten" im Schritt beginnt, geht der Reiter über zu versammeltem Trab und führt Schulterherein entlang der Bande aus. Langsam bewegt der Reiter die Vorhand vor die Hinterhand und beginnt, das Pferd mit dem äußeren Zügel in einigen Piaffe-Tritten zu versammeln. Nach einigen Versuchen wird das Pferd beginnen zu verstehen und eine schöne Piaffe ausführen, weil sein inneres Hinterbein gebeugt wurde und unter seinen Schwerpunkt gekommen ist und so die Vorhand leichter gemacht hat.
- Der Reiter kann sich vorstellen, auf einer Waage mit zwei Schüsseln zu sitzen, eine vor und eine hinter ihm. Die einleitenden Hilfen und die halben Paraden bedeuten für das Pferd, seine Hinterhand zu senken und seine Gelenke in den Hinterbeinen zu biegen, zumindest bis ein horizontales Niveau erreicht wird.
- Wenn das Pferd auf die einleitenden Hilfen reagiert, muss es mindestens auf horizontalem Niveau freigegeben werden. Wenn das Pferd beginnt, hinter die vortreibenden Hilfen zu kommen und auf die unterstützenden Hilfen nicht reagiert, muss der Reiter es entschieden im Arbeitstrab oder Mitteltrab vorwärts reiten.
- Manchmal kann die Person auf dem Boden – normalerweise der Ausbilder – das Pferd mit der Gerte unterstützen. *Aber, es sollte nicht zu oft geschehen.* Das Pferd reagiert oft mit Verspannung. Die Trittfolge der Hinterbeine verändert nervös den Takt. Das Pferd beginnt sich im Hals zu versteifen. Die Vorderbeine arbeiten ohne Geschmeidigkeit und mit geraden Vorderfußwurzelgelenken.

- Diese gespannte Situation kann durch zu harte Forderungen in zu frühem Trainingsstadium verursacht werden. Diese gespannte Situation kann zur Folge haben, dass das Pferd seine Hinterhand von einer Seite zur anderen schwingt oder versucht, seine Vorhand von einer Seite zur anderen zu balancieren. Das kann auch von seinem Exterieur abhängig sein; vielleicht verhindert die Winkelung in seinen Hinterbeinen, wie z.B. bei Lipizzanern oder Andalusiern, in der klassischen Art und Weise zu „sitzen".
- Wenn sich das Pferd diese schlechten Eigenschaften angewöhnt, ist es sehr schwer oder sogar unmöglich, sie wieder loszuwerden. In einer internationalen Grand Prix Prüfung darf der Reiter keine Gerte tragen. Das ist der Grund dafür, warum der Reiter meiner Meinung nach mit dem Pferd die Piaffe nur in kurzen Reprisen üben darf und es dabei gerade, gelöst und *willig* halten muss.
- Wie oben erwähnt, sollte die Piaffe in der klassischen Weise ausgeführt werden. Das Exterieur des Pferdes erschwert das manchmal. In diesem Fall sollte der Reiter froh sein, wenn das Pferd die Anzahl der geforderten Tritte in seiner Weise willig, entspannt und gelöst ausführt.
- Das berühmte deutsche Pferd Rembrandt, siegreich bei den Olympischen Spielen und Meisterschafen von Nicole Uphoff geritten, zeigte immer die korrekte Anzahl an Tritten in der Piaffe auf der Stelle, in makellosem Takt und exzellenten Übergängen in die und aus der Piaffe.
- Aber da Rembrandts Piaffe nicht wirklich klassisch war (er senkte seine Hinterhand nicht auf die klassische Weise), verursachten seine hohen Wertnoten einige Diskussionen zwischen Richtern und Trainern sowie Besitzern und Zuschauern.

FÜNFTE STUFE, ÜBUNG 5

Die Passage

Zweck

Hinweis für das Training der Passage.

Die Trainingsentwicklung des Reiters

- Wie bei den anderen hohen Lektionen ist der beste Weg, die Passage zu erlernen, ein ausgebildetes, fähiges und *vergebendes* altes Pferd zu reiten.
- Die häufigsten Fehler sind, das Verpassen des richtigen Moments, die Passage nach vorn herauszulassen, oder der Bewegung nicht ausreichend zu folgen, nicht ruhig sitzen zu bleiben und Störungen im Gleichgewicht des Pferdes zu verursachen.
- Wenn der Reiter den Übergang vom Schritt in die Passage vorbereitet, beginnt er vorsichtig, den Schritt mit den *einleitenden Hilfen* (dieselben Hilfen, die zum Start der Piaffe benutzt werden) zu versammeln. Wenn das Pferd darauf reagiert, gibt der Reiter ihm die *unterstützenden vorwärts treibenden Hilfen* und bereitet das Pferd vor, *vorwärts* zu gehen.
- Die Vorbereitung soll das Pferd dazu bringen, seinen Kopf und Hals etwas tiefer und runder zu tragen, um zu vermeiden, dass es im Rücken nicht stark genug ist, wenn es vermehrt nach vorn heraustreten muss. Wenn sich das Pferd in der Passage befindet, erlebt der Reiter einen wahren Höhepunkt des Reitens. Er muss jedoch, wie bei allen anderen Lektionen, mit halben Paraden unterstützen, das Pferd immer wieder ausbalancieren oder versammeln, um zu vermeiden, dass es seinen Rücken durchhängen lässt oder sich in Rücken- und Halsmuskulatur verspannt.

Der Autor auf Eko in Stockholm.

Die Trainingsentwicklung des Pferdes

- Die Passage ist ein sehr natürlicher Bewegungsablauf für das Pferd. Es hat die Passage oft ausgeführt, entweder weil es über etwas überrascht war oder vor etwas Angst hatte oder weil es einen Grund hatte, seinen Stolz oder seine Freude zum Ausdruck zu bringen.
- Wenn es nach all dem Training beginnt, gerade gerichtet zu sein und ein hohes Maß an Versammlung erreicht hat, ist es Zeit, es mit der Passage bekannt zu machen.
- Wie ich für das Training der Passage vorgeschlagen habe, empfehle ich, während Ausritten oder auf dem Feld damit zu beginnen. Für die meisten Pferde ist es leicht, die Reiterhilfen für die Passage zu verstehen, wenn sie aus dem Mitteltrab heraus als Übergang zur Passage gegeben werden.
- Was jetzt nicht mehr nach vorwärts gehen soll, soll nun in die erhabene Bewegung der Passage übergehen.
- Zu Beginn sollte der Reiter nur einige Tritte zum Ziel haben.
- Ein natürlicher und häufiger Fehler ist es, das muss ich leider sagen, zu versuchen, die Passage mit zurückhaltenden Zügeln zu beginnen. Dadurch missversteht das Pferd die Hilfen, und der Schwung nach vorn geht verloren.

FÜNFTE STUFE, ÜBUNG 6

Die Passage

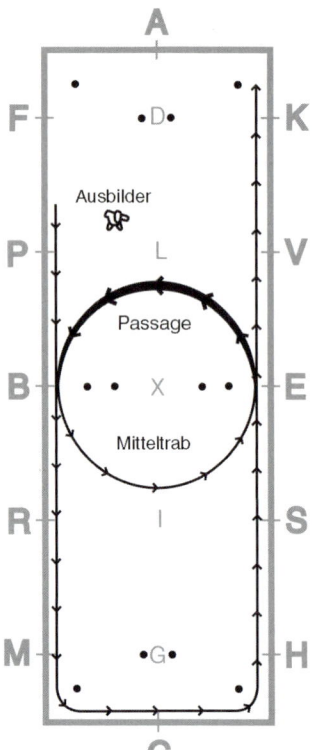

Zweck

Dem Pferd beizubringen, die Passage auf einem 20-Meter-Zirkel aufzunehmen.

Erklärung

- Beginnen Sie bei **P** auf der linken Hand in versammeltem Trab. Bei **B** gehen Sie auf den Mittelzirkel bei **X** im Mitteltrab.
- Bei **E** folgen Sie dem 20-Meter-Zirkel und wenden die Hilfen für Passage an. Bei **B** reiten Sie einen Übergang zum Arbeitstrab und traben leicht. Folgen Sie dem Hufschlag und wiederholen bei **K** ggf. die Übung.
- Später wechseln Sie die Hand und üben in die andere Richtung.

Beachten Sie

- Dass der Reiter bei **B** den Mitteltrab auf dem 20-Meter-Halbzirkel von **B** nach **E** beginnt und das Pferd in der inneren Ganasche und der inneren Rippe dabei locker, das Pferd im Prinzip aber gerade ist.
- Der Reiter wird außerdem instruiert, sich vorzustellen, das Pferd in Querlage zu bringen wie ein Pilot, der mit seinem Flugzeug den Kurvenflug einleitet oder der Motorradfahrer, der sein Motorrad in der Kurve schräg legt. In beiden Fällen erinnert das Bild den Reiter daran, die Wende-Energie nach *innen* zu konzentrieren; mit Gleichgewicht und Unterstützung, die gegen die Zentrifugalkräfte arbeiten, die durch die Tempoerhöhung im Mitteltrab entstehen.
- Dass der Reiter bei **E** vorsichtig den Kontakt am äußeren Zügel erhöht und die Tritte mit einem rhythmisch arbeitenden äußeren Schenkel nah am Gurt unterstützt; wobei das Pferd innen locker gehalten werden muss.

Bemerkung

- Der Gebrauch des äußeren Schenkels ist ähnlich dem Gebrauch eines Trommelstocks gegen die Basstrommel in einer Band, um den Takt zu schaffen und zu erhalten.
- Der Reiter muss am Anfang bereit sein, das Pferd zu belohnen, wenn es die Hilfen übersetzt. *Gehen Sie Schritt für Schritt vor!*
- Später üben Sie auf der anderen Hand.

FÜNFTE STUFE, ÜBUNG 7

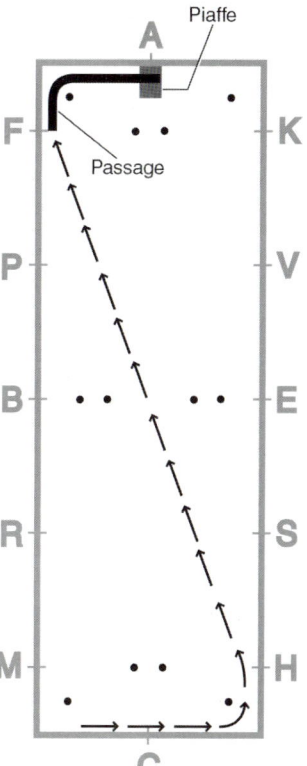

Die Passage

WIE IN DEN AUFGABEN S 9,
GRAND PRIX ODER GRAND PRIX SPECIAL

Zweck

Die geforderten Lektionen mit einer einfacheren Übung vorzubereiten.

Erklärung

- Beginnen Sie auf der kurzen Seite bei **C** in versammeltem Trab. Bei **H** reiten Sie im Mitteltrab auf die Diagonale in Richtung **F**. Bei **F** reiten Sie den Übergang in die Passage.
- Bei **A** reiten Sie einen Übergang zur Piaffe für 7-8 Tritte.

Beachten Sie

- Dass der Reiter bei F während des Übergangs vom Mitteltrab zur Passage nicht anfängt, das Pferd mit den Zügeln zurückzuhalten.
- Dass der Reiter das Pferd in der Ecke im Grunde gerade hält, bis auf eine geringe Abstellung im Genick nach rechts als Reaktion auf den inneren rechten Schenkel.
- Dass der Reiter in der Ecke die Tritte mit einem rhythmisch arbeitenden äußeren Schenkel nah am Gurt unterstützt. Wiederholen Sie **Übung 6, Fünfte Stufe**.

Bemerkung

- Das Pferd kann die Hilfen für Passage in einer Ecke besser verstehen (und der Reiter kann sie dort besser geben) als an der langen Seite zwischen **P** und **F**, wie es in der Prüfung gefordert wird.

FÜNFTE STUFE, ÜBUNG 8

„Die Scharnierübung"

Zweck

Die Biegsamkeit und den Gehorsam des Pferdes zu trainieren.

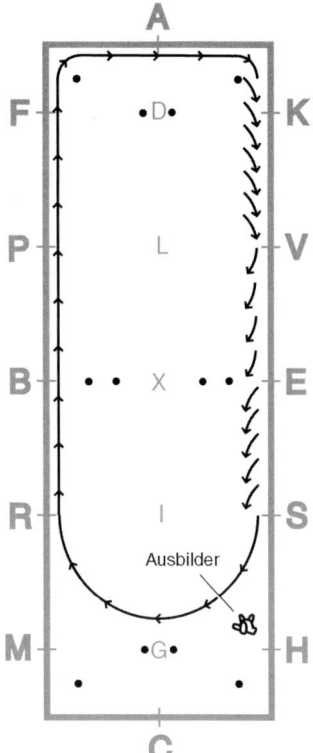

Erklärung

- Beginnen Sie bei **B** auf der rechten Hand in versammeltem Trab. Zwischen **K** und **V**, Travers nach rechts.
- Bei **V** reiten Sie einen Übergang zum Schulterherein nach rechts, das Sie zwischen **V** und **E** ausführen.
- Bei **E** machen Sie einen Übergang zum Renvers links, das Sie zwischen **E** und **S** ausführen. Bei **S** reiten Sie einen Übergang in den Rechtsgalopp und wenden dort direkt auf einen halben 20-Meter-Zirkel ab.
- Bei **R** wiederholen Sie ggf. die Übung.
- Später wechseln Sie die Hand und trainieren Sie die Übung von **F**.

Beachten Sie

- Dass das Pferd während des Travers *geradewegs* auf den Hufschlag schaut.
- Dass der Reiter das Schulterherein auf dem 2. Hufschlag ausführt, ca. 1,50 m entfernt von der Bande, sodass die Hinterhand auf derselben Linie weitergeführt wird wie im Travers begonnen und nicht nach außen abweicht.
- Dass der Reiter die Hinterbeine des Pferdes im Renvers ca. 1,50 m entfernt von der Bande hält und der Winkel des Pferdes zum Hufschlag derselbe bleibt, wenn das Pferd seine Biegung von Schulterherein in Renvers umkehrt.
- Dass der Reiter die Hilfen für den versammelten Rechtsgalopp *in Kombination* mit dem Übergang von Renvers links zur Rechtsbiegung des Galopps gibt.
- Dass der Reiter *navigiert* und in Richtung des Ausbilders weiter hinten an der langen Seite sieht.

Bemerkung

- Diese Übung verbessert die Biegsamkeit des Pferdes und seine Gehorsamkeit genauso wie seinen Schwung. Es ist eine Aerobic-Übung. *Reiten macht Spaß!* Sie hält den Reiter bei jedem Tritt beschäftigt und trainiert seine Fähigkeit, seine Hilfen zu koordinieren.

WEITERFÜHRENDE LITERATUR

SUSANNE VON DIETZE
Balance in der Bewegung

Reiten ist die Kunst, die Bewegung von Pferd und Mensch optimal aufeinander abzustimmen. Die Autorin geht auf die anatomischen Voraussetzungen ein, die für Sitz und Einwirkung des Reiters entscheidend sind. Sie beschreibt anschaulich und nachvollziehbar wie ein Reiter seine eigenen individuellen Voraussetzungen besser fühlen, erkennen und kontrollieren kann.

4. Auflage 2003
224 Seiten, über 200 farbige Fotos und 100 Zeichnungen
Format 190 x 250 mm, gb.

WEITERFÜHRENDE LITERATUR

ISBN 3-88542-381-2

WALTER ZETTL
Dressur in Harmonie-
Von der Basis bis zum Grand Prix

„Das Pferd ist unser Lehrmeister.... Wir müssen uns ihm anpassen und nicht das Pferd an uns. Das Pferd muss seinen Reiter als ranghöheren anerkennen und respektieren, aber nicht fürchten. Nur wenn das Pferd zu seinem Reiter und dieser zu seinem Pferd volles Vertrauen haben kann, können große Leistungen erzielt werden." Walter Zettl

1. Auflage 2003, ca. 256 Seiten mit Zeichnungen und farbigen Fotos
Format 190 x 250 mm, gb.

Erscheinungstermin: Oktober 2003